Katharina Coblenz-Arfken

Internetpredigten

Katharina Coblenz-Arfken

Internetpredigten

am Rand und mitten im Leben

Fromm Verlag

Impressum / Imprint
Bibliografische Information der Deutschen Nationalbibliothek: Die Deutsche Nationalbibliothek verzeichnet diese Publikation in der Deutschen Nationalbibliografie; detaillierte bibliografische Daten sind im Internet über http://dnb.d-nb.de abrufbar.

Bibliographic information published by the Deutsche Nationalbibliothek: The Deutsche Nationalbibliothek lists this publication in the Deutsche Nationalbibliografie; detailed bibliographic data are available in the Internet at http://dnb.d-nb.de.

Verlag / Publisher:
Fromm Verlag
ist ein Imprint der / is a trademark of
OmniScriptum GmbH & Co. KG
Heinrich-Böcking-Str. 6-8, 66121 Saarbrücken, Deutschland / Germany
Email: info@frommverlag.de

Herstellung: siehe letzte Seite /
Printed at: see last page
ISBN: 978-3-8416-0415-6

Inhalt

Einführung

Samstagabend. Was macht eine Pastorin, ein Pfarrer, gestresst von einer Woche mit Unterricht, Gesprächen, Konfirmandenarbeit, Beerdigungen, Bausorgen usw., wenn noch die Predigt für den Sonntag vorzubereiten ist? Wer will sich denn da noch allein auf den Heiligen Geist verlassen?
Der könnte vielleicht sagen „Du bist faul gewesen" …
Also mal sehen, was anderen zu diesem Bibeltext des Sonntags eingefallen ist. Und schon läuft der PC.
So einfach ist das heute – oder so schwierig. Denn dann kommt die Qual der Wahl. Im günstigsten Fall eine Inspiration.

Wie anders war das zu der Zeit, als an Computer noch gar nicht zu denken war. Es gab Predigtvorbereitungsbände, Predigthilfen, verschiedensten Sammlungen von Predigten, Kommentare und die Bibel im jeweiligen Urtext mit den verschiedensten Übersetzungen. All das steht auch noch heute zur Verfügung. Das Internet ermöglicht aber den schnelleren Zugriff zu allem, auch wenn die Sinnenhaftigkeit dabei fehlt.
Ich las immer gern gute Predigten zur Vorbereitung. Vielleicht weil ich dann selbst „Nahrung" bekam.

Was ist denn eine Predigt?
Sie soll den Menschen das Evangelium, die gute Nachricht von Jesus Christus in der heutigen Situation nahe bringen und seelische Nahrung für die kommende Woche sein.
Da ist es nicht verkehrt, wenn der Prediger oder die Predigerin erst einmal selbst solche Nahrung zu sich nimmt.

Ich habe meine Predigten fast immer vorher aufgeschrieben, einfach um die Gedanken in Fluss zu bringen – meist mit dem Stift in der Hand. Dann konnte ich sie auch frei halten und mitunter anders als zuvor fixiert. Das Wort Gottes zu verkünden bleibt immer ein lebendiges Geschehen. Auch die Hörer beeinflussen einen. Oft brachte ich den Text die Tage vorher bei Besuchen ins Gespräch. Denn nichts ist besser als eine dann gespannt zuhörende Gemeinde.

Ich selbst kam zu den Internetpredigten durch eine Anfrage eines Göttinger Theologieprofessors als ich schon nicht mehr im aktiven Pfarrdienst stand. Vorher wußte ich gar nicht, dass es so etwas gibt.
Aber ich habe immer gerne an Predigthilfen mitgearbeitet, weil sie einen zwingen, sich intensiver mit dem Text auseinanderzusetzen. Bis auf eine Ausnahme hielt ich alle Predigten selbst, meist während meiner Zeit als Kurpredigerin auf der Insel Hiddensee. Im Idealfall sollte man einer Predigt schon anmerken in welche Situation sie gesprochen wird. Sonst wirkt sie schnell steril.

Deshalb nahm ich in die Auswahl auch eine Predigt aus der „Vorcomputerzeit“ mit auf: Die Pfingstpredigt von 1984.
Ich hatte sie noch handschriftlich abgeheftet vorliegen. Wäre mir damals ein Zugang zum Internet möglich gewesen, dann hätte ich sicher in dieser Situation auch gern zu diesem Hilfsmittel gegriffen. Denn ich war zu der Zeit eine gestresste Pastorin mit Mann und zwei Kindern in einem Pfarrhaus als Rundumbaustelle. Alle Hilfsmittel schlummerten noch in Kisten. Vielleicht entstanden aber so die lebensnahen und lebendigsten Kanzelreden.

Diese Pfingstpredigt hatte für mich Folgen. Es war die Zeit des kalten Krieges. In der bis auf den letzten Platz gefüllten Kirche saßen auch zwangsverpflichtete Zuhörer. Der Stasi ging meine Auslegung wohl zu weit und sie wollten deshalb ein Exempel statuieren. Diese Umstände und die ganze Szene beschrieb ich zwölf Jahre später in dem Buch „Katharina, Katharina“, das im Radius-Verlag erschien und nach meiner Scheidung im Jahr 2000 durch den Bischof Berger mit zum Anlass genommen wurde, mir alle weitern Berufschancen zu verwehren.
Seitdem bin ich Wanderpredigerin, mal auf Hiddensee, mal in den Bergen oder auf Festen von Familie und Freunden …

Ich danke dem Fromm Verlag, der mich ermutigte, diese Predigten noch einmal gesammelt herauszugeben.

Hohnstedt, im Herbst 2014

für

Samuel, Esther und Axel

1. Was tröstet uns?

Predigt zu Jesaja 40, 1-11

3. Sonntag im Advent, 17. Dezember 2006

Liebe Gemeinde,

stellen Sie sich vor: ein Kind rennt den Berg hinab, springt über Steine, stolpert und fällt hin. Schlägt sich die Knie auf.

Dabei ist es losgerannt, weil es in der Ferne ein wunderbares Licht gesehen hat.

Da wollte es hin.

Nun liegt das Kind mit aufgeschürften blutenden Knien auf halber Strecke.

Es tut sehr weh.

Das Licht ist zwar noch da, aber das Kind sieht es nicht mehr. Es sitzt selbst im tiefen Tal, im Jammertal. Tränen rollen übers Gesicht und trüben den Blick. Es fehlt der Mut, wieder aufzustehen und weiterzugehen, denn über den Schreck und den Schmerz hat es das Licht vergessen, dem es entgegeneilen wollte. Es müht sich jetzt mit sich selbst ab.

Wie komme ich bloß wieder hoch? Lohnt es sich weiter zu gehen? Das Kind will zurück. Es traut sich nicht weiter.

Und wie es so völlig verheult da hockt, streicht ihm eine Hand sanft übers Haar. Eine andere Hand hilft ihm auf.

Eine Frau, die auch auf diesem Weg unterwegs war, hat gemerkt, dass da ein Kind hingefallen ist und hört, wie es weint.

Sie kramt ein großes Taschentuch hervor, trocknet die Tränen und verbindet das aufgeschrammte Knie.

In dem Moment fällt dem Kind das Licht wieder ein, das es gesehen hatte und dessentwegen es losgerannt war. Es erzählt seiner Trösterin davon. Nun wussten beide von dem Lichtglanz und wanderten gemeinsam weiter Hand in Hand dem Licht entgegen.
Soweit die Geschichte.

Und ist es nicht so, dass wir alle auf je unsere Weise auf das Licht zu wandern?
Es stillt die Sehnsucht der Menschen seit Urzeiten, dass das Leben ein Ziel hat und in eine große Liebe mündet, wie auch immer wir sie benennen mögen, ja dass diese Liebe uns im Leben trägt und hält.
Nun mag manch einer sagen, das ist ein großes Wort, bei mir kommt das nicht an, ich kann das nicht nachvollziehen. Um mich herum sehe ich so viel Streit, Eitelkeit, ich habe die Arbeit verloren, ich bin krank geworden, mein Mann hat mich verlassen… Jede und jeder kann solche Stimmen laut werden lassen, die aber dann das Leben verdunkeln.
Was soll dies?
Ich kenne selbst diese Stimmen, die einem das Leben rauben können. Es sind ja nicht nur Stimmen, es sind die Realitäten, die wir schaffen und die uns schaffen und kaputt machen.

In so ein Gewirr von Stimmen, die nicht mehr dem Leben glauben, die nur noch Zerstörung sehen, ist der folgende Text gesprochen. Er ist zweieinhalbtausend Jahre alt.
Der Prophet Jesaja wendet sich an sein Volk, das von zu Hause weg musste und nicht mehr klar kam in der großen anderen Welt.

Da heißt es (Jesaja 14, 1-8):

Tröstet, tröstet mein Volk,
spricht der, der mit euch sein will.
Redet freundlich mit Jerusalem und predigt ihr,
dass ihre Knechtschaft ein Ende hat und ihre Schuld vergeben ist,
denn sie hat doppelt Strafe empfangen von der Hand Gottes für all ihre Sünden.

Es ruft eine Stimme:
Bereitet einen Weg in der Wüste, dem, der mit euch gehen will.
Macht in der Steppe eine ebene Bahn unserm Gott.
Alle Täler sollen erhöht und alle Berge und Hügel erniedrigt werden.
Was uneben ist, soll gerade und was hüglig ist, soll eben werden.
Denn der Lichtglanz dessen, der mit dir sein will, soll offenbar werden
und alle Menschen werden es sehen.

Es spricht eine Stimme: Sag es weiter!
Und ich sprach: Was soll ich sagen?
Alle Menschen sind wie Gras
Und all ihre Güte gleicht der Blume auf dem Feld.
Das Gras verdorrt, die Blume verwelkt,
denn der Atem dessen, der alles umgibt, bläst darein.
Ja, wie Gras sind die Menschen.
Das Gras verdorrt, die Blume verwelkt,
aber das Wort unseres Gottes bleibt ewiglich.

Hören wir den Ruf zum Trösten? Mehr noch, lassen wir uns auffordern zum Trösten?

Oder überlegen wir erst einmal, wer gemeint sein soll, wer denn da trösten soll.
Mir schließt dieses Wort „Tröstet“ die Ohren auf. Gerade jetzt sehne ich mich nach Trost. Wo ich den Partner verloren habe, wo Arbeit nur schwer zu finden ist. Diese Aufforderung zum Trösten geht davon aus, dass es möglich ist, Trost zu finden. Das hebräische Wort „nacham“ birgt in sich noch die Urbedeutung von tief durchatmen, seufzen.
Wo erlaubt ist durchzuatmen, wo alle Seufzer raus können und gehört werden, da kann auch Trost kommen. Hier ist nicht vom billigen Trost die Rede. Hier nimmt einer den anderen ganz ernst, schaut tief in das menschliche Elend und weiß, dass Menschenwege immer wieder sich selbst zerstören und abbrechen können, wenn er sagt: Deine Knechtschaft hat ein Ende und deine Schuld ist vergeben!

Jesaja spricht in Bildern. Er kannte die Wüste. Sie wird zum Sinnbild für unsere sich auftürmenden Berge der Angst und die abgrundtiefen Täler menschlicher Verzweiflung. In ihr befinden sich all die Schutthalden unserer Scheitererlebnisse, durch die kein Weg mehr führt, weil alles beliebig geworden ist.
Wenn das Leben für einen Menschen so wüst aussieht, dass alles verkehrt ist, nichts mehr geht, dann ist wirklich kein Weg zu finden. Dann fängt die mühsame Arbeit an, sich die Berge und Täler genau anzuschauen, um sie Stück für Stück abzutragen, damit ein Weg gebahnt wird, damit der Lebensweg wieder frei wird.

Ich kenne solche Situationen, in denen man keinen Lichtglanz mehr spürt, auch wenn äußerlich noch alles zu funktionieren scheint. Als ich neulich in so einer Verfassung meine Freundin Dora abholen wollte, merkte sie es gleich und holte mich erst einmal herein und sagte dann irgendwann zwischendurch: „Eins will ich dir sagen, egal was ist, Gott hat dich lieb, so wie du bist, dessen kannst du gewiss sein, dass er bei dir ist – ich kann es nicht geschickter formulieren.“

Damit brach für mich wieder etwas von diesem Lichtglanz durch. Da war die Bahn für Gott wieder frei.

Und die Wüste? Ich sah, dass ich l e b e n d i g bin wie Gras, das die Tiere in der Wüste nährt.

Jesaja erinnert an die Vergänglichkeit unserer kostbaren Zeit, die keiner vermag festzuhalten, die aber in Gott aufgehoben sein kann, weil wir geliebt sind.

Könnte es nicht sein, dass wir dann selbst zu Freudenboten werden?

Und vielleicht fallen uns Bilder aus unserer Welt ein, dies weiterzusagen.

Gott kommt uns nicht entgegen, weil wir so perfekt sind, sondern weil er unsere Not kennt und wandeln will in die Fülle zum Leben.

Amen.

2. In der Dunkelheit er Nacht

Predigt über Johannes 1, 1-14

2. Weihnachtstag, 26. Dezember 2002

Liebe Gemeinde,

wieder erfreuen wir uns an den Lichtern der Weihnacht. Die Krippe steht vor uns, die Bilder vom Krippenspiel am Heiligen Abend sind in uns lebendig.

Weihnachten ist doch das Fest, an dem wir Menschen versuchen, aufeinander zu zugehen, um einander Freude zu bereiten. *"Friede auf Erden und den Menschen ein Wohlgefallen"* sangen die Engel im Chor bei den Hirten auf dem Felde. Und es ist das Fest, das wohl am meisten mit Erinnerungen verbunden ist.

Da stand der große die Zimmerdecke berührende Tannenbaum mit Lichtern geschmückt in der Erkerecke im großen Wohnzimmer. Die elektrischen Kerzen befestigte Mutter wegen der Brandgefahr immer in der Mitte der Zweige am Stamm, die lebendigen kamen an den Rand.

Die Lichter waren schon heruntergebrannt an jenem Weihnachtsabend 1970 als ich für meine Eltern noch ein besonderes Geschenk in mir trug. Ich wollte ihnen meine Entscheidung mitteilen, Theologie zu studieren. Eigentlich hatte ich mich längst für ein Pädagogikstudium in Mathe und Physik an der TU in Dresden beworben, aber die ganze atheistische Erziehung in der Schule ödete mich an. Ich wollte wissen, was es mit Gott auf sich hatte. Mein Vater war Pfarrer. Als Familie sahen wir diesen Beruf eher kritisch. Und Pfarrer in der DDR war das letzte was Karrierechancen hatte. So hatte ich lange gezögert, es meinen Eltern zu sagen. Mutter reagierte fröh-

lich, nahm mich in die Arme und lachte: "Da wissen wir wenigstens wohin mit Vaters Büchern." Mein Vater sagte nur: "Hast Du dir das wirklich überlegt? Es ist sehr schwer." Dabei mag er an die Jahre des Berufs gedacht haben als mit steigendem Wohlstand und atheistischer Propaganda die Kirchen wieder leer wurden.
Aber die Freude überwog, dass wenigstens eins seiner sechs Kinder in dieser Fußspur folgte, so dass er noch am Mittagstisch am 1. Feiertag das griechische Neue Testament holte und meinte, nun müsse griechisch gelernt werden, am besten auswendig und er begann:

"En arche en ho logos kai ho logos en pros ton theon,
kai theos en ho logos ..."
"Am Anfang war das Wort und das Wort war bei Gott
und Gott war das Wort ..."

Meine Mutter, mein Freund, alle mussten sie mitlernen. Mich faszinierte der Klang dieser Worte und der Inhalt. So ist der heutige Predigttext mir dadurch besonders ans Herz gewachsen.

Johannes beginnt das, was er als gute Nachricht für alle Welt mit seinem Evangelium weitersagen will, mit einem Prolog. Er nimmt ein altes Lied über die Weisheit auf und dichtet es auf Christus um.
Wie bei einer Ouvertüre erklingt in diesem Hymnus schon das Hauptmotiv seines Evangeliums:

1. Am Anfang war das Wort
und das Wort war bei Gott
und Gott war das Wort.

2. Dieses war im Anfang bei Gott.

3. Alles ist durch es entstanden

und ohne es ist nichts entstanden, was geworden ist.

4. In ihm war das Leben

und das Leben war das Licht der Menschen.

5. Und das Licht scheint in die Finsternis

und die Finsternis hat es nicht angenommen.

9. Er war das wahre Licht,

das alle Menschen erleuchtet,

die in die Welt kommen.

10. Es war in der Welt

und die Welt ist durch ihn gemacht,

aber die Welt erkannte ihn nicht.

11. Er kam in sein Eigentum,

aber die Seinen nahmen ihn nicht auf.

12. Aber allen, die ihn aufnahmen,

gab er Macht, Gottes Kinder zu werden,

an seinen Namen zu glauben,

13. welche weder aus Geblüt, noch aus dem Willen des Fleisches,

noch aus dem Willen eines Mannes,

sondern aus Gott geboren sind.

14. Und das Wort wurde Fleisch und wohnte unter uns

und wir sahen seinen Lichtglanz,

einen Lichtglanz, wie ihn der einzige (Sohn) bei Gott hat,

voll Gnade und Wahrheit.

Liebe Gemeinde,
dieser Text erscheint mir immer wie ein schwerer kunstvoller Vorhang, der sich hinter der Krippe öffnet und uns teilhaben lässt am Wunder des Weltgeschehens. Ich darf dahinter schauen und somit den Sinn erfassen.
Als ich den Text in einer Gruppe zitierte, kam prompt die Frage „Was, sollen wir das jetzt auswendig lernen?". Das wohl nicht, aber ich denke, es ist gut, wenn wir ihn buchstabieren, damit sich der Vorhang zur Seite schiebt. Wir sind eingeladen auf den Anfang zu schauen - jenseits von Zeit und Raum.

Die Frage, was die Welt im Innersten zusammenhält, hat Menschen, seit sie denken, beschäftigt. *„Am Anfang"* - so setzt das Lied ein und Johannes deutet damit die Geschichte Jesu, indem er an die Schöpfungsgeschichte anknüpft, wie sie auf der ersten Seite der Bibel nachzulesen ist: *„Am Anfang schuf Gott Himmel und Erde und er sprach: Es werde Licht ..."*

Genau das hat Johannes aufgenommen, wenn er sagt, *„Am Anfang war das Wort"* - und mir klingt dabei immer die Stelle im Faust von Goethe nach, die bei uns in sozialistischen Zeiten mit Vorliebe zitiert wurde: "Ich kann das Wort so hoch unmöglich schätzen, am Anfang war die Tat."
Dabei ist schon von der Urbedeutung des Wortes "Logos" ein größerer Horizont gespannt, der sich dann auch über allem Tun ausbreitet.

Wir erleben, wie Worte Beziehungen schaffen. Worte können lebendig machen oder töten, die Atmosphäre vergiften oder entspannen, Worte können langweilen oder fesseln, verbieten oder erlauben, den Krieg erklären oder Frieden bringen ... Sicher können wir das griechische Wort "Logos" auch als die Urkraft allen Seins verstehen, wie immer Menschen sie benennen mögen. Hier ist Gott von Anfang an als Leben schaffende Macht geschaut.

Und wir, jeder und jede von uns, ist mit dieser liebenden Macht verbunden. So, wie ich bin, darf ich das spüren und annehmen. Ich muss nicht erst selbst mächtig werden. Auch muss ich mich auch beweisen oder verteidigen. Es bedarf eben nicht erst eines von Menschen ausgedachtem Welt - Verbesserungsprogramms.

Die größten Greueltaten der Menschheit wurden doch im Namen des Heils verübt. Hitler wollte ein gesundes Volk, Stalin ein Paradies der Arbeiterklasse, Bush die Beseitigung der Terroristen.

Heilsfanatiker hat es aber auch unter den Christen gegeben und gibt es bis heute. Ich erinnere an die Kreuzzüge, wie paradox - sie wollten die Stätten der Geburt Jesu mit Waffen wieder erobern, oder die Inquisition, in deren Prozessen alle, die nicht in die herrschende Lehre passten, hingerichtet wurden.

Das ist die Dunkelheit, die weltweit die Erde umspannt: Kriege, die nicht aufhören wollen.

Genau das hat Johannes gemeint, wenn er schreibt: *Das Licht scheint in die Finsternis und die Finsternis hat es nicht ergriffen.*

Je länger ich diesem Text nachspüre, merke ich, wie diese beiden Seiten miteinander ringen: Licht und Finsternis. Es kommt auf mich an, auf welche Seite ich mich stelle, wovon ich mich ansprechen lasse.

Gott wurde Mensch, darum kreist ja dieser Text, d.h. Jesus wurde geboren wie die meisten Kinder in der Nacht. Maria überstand die Wehen und mit der Geburt brach die Freunde auf, die übergroße Freude über das Kind. Das

Leben, klein und schutzbedürftig - war da, um geliebt zu werden. Da ist es licht.

In diesem Kind ist Gottes Liebe da. Wenn wir das begreifen oder besser, in uns aufnehmen, dann sind auch wir Gottes Kinder. Dann wissen wir eigentlich erst, wer wir wirklich sind. Längst schon angenommen und geliebt. Der Liederdichter Paul Gerhardt bringt es auf den Punkt:

"Eh` ich durch deine Hand gemacht,
da hast Du schon bei dir bedacht,
wie du mein wolltest werden."

Ich denke, das ist die große Sehnsucht, die uns Menschen miteinander verbindet, die in uns auch Weihnachten immer wieder aufbricht - die Sehnsucht nach dieser großen Geborgenheit. Von da aus erscheint die Welt in einem ganz anderen Licht.

Der Geizhals und Menschenverächter in Charles Dickens Weihnachtsgeschichte wird auf einmal freigiebig. Er erlässt seinem Schuldner die Schuld und kann sich plötzlich wieder freuen.

Wie könnten wir uns als Völker der ersten Welt freuen, wenn wir den Ländern der dritten Welt wenigstens die Zinsen erließen. Dann würde es auch in der großen Politik Weihnachten werden. Aber das beginnt in unseren Herzen. Lassen wir uns ansprechen, lassen wir uns von diesem Wort bestimmen, dieser Liebe, die uns ganz meint und durch nichts zu rauben ist, die aber, wo wir sie leben und weitergeben, Freude verbreitet?

Schließen möchte ich mit einem Weihnachtsgedicht von mir:

In der Dunkelheit der Nacht
wird ein Kind zur Welt gebracht,
kommt in eine Welt voll Streit,
in unsagbar großes Leid.

In der Dunkelheit der Nacht
hat Gott Frieden uns gebracht.
Wehrlos kam er in die Welt,
verzichtete auf Macht und Geld.

In der Dunkelheit der Nacht
ist das Leben neu erwacht.
Gott zeigt uns, wie er uns liebt,
Leben, Licht und Hoffnung gibt.

In der Dunkelheit der Nacht
Hat Gott selbst uns angelacht,
weil er unsre Ängste stillt
und das Herz mit Freude füllt. *

Amen.

* Vertonung von der Autorin

3. Gefäße der Barmherzigkeit

Predigt zu Römer 9,14-24

Septuagesimae, 20.01.2008

Liebe Gemeinde,

es gibt eine russische Geschichte, da läuft dem Bauern das Pferd davon.

„So ein Unglück", jammert der Bauer. Nach geraumer Zeit kommt das Pferd wieder und bringt ein zweites mit. „So ein Glück", jubelt der Bauer, „jetzt habe ich zwei Pferde.". Sein Sohn setzt sich sofort auf das neue und reitet damit eine Runde, fällt vom Pferd und verletzt sich den Fuß. „So ein Unglück", jammert der Bauer. Der Sohn kann nur noch humpeln.. Eines Tages kommen Soldaten, die junge Leute für den Krieg holen wollen. Den hinkenden Sohn können sie nicht gebrauchen. „Welch ein Glück", denkt der Bauer und lässt sie frohen Herzens weiter ziehen.

Glück im Unglück sagen wir. Was uns Unglück und sinnlos erschien, erweist sich als Segen.

Diese Geschichte erzählte ein Teilnehmer beim Bibelgespräch zu der Überlegung des Juden Paulus, ob Gott ungerecht ist. Im zweiten Teil des Römerbriefes lässt Paulus diese Frage nicht los. Wie ist das mit der Erwählung? Was wird mit dem erwählten Volk, wenn es doch gar nicht erkennen will, dass in Christus das Heil in die Welt gekommen ist?

Röm 9,14-24:

Was sollen wir nun hierzu sagen? Ist etwa Gott ungerecht? Das sei ferne! Denn er spricht zu Moses (Ex 33,19): „Wem ich gnädig bin, dem bin ich gnädig; und wessen ich mich erbarme, dessen erbarme ich mich." Also kommt es nicht darauf an, was Menschen wollen oder wonach sie streben, sondern allein auf Gottes Erbarmen. Denn die Schrift sagt zum Pharao (Ex.9,16): „Eben dazu habe ich dich erweckt, damit ich an dir meine Macht erweise und damit mein Name auf der ganzen Erde verkündigt werde. "So erbarmt er sich nun, wessen er will, und verstockt, wen er will. Du wirst nun sagen: Warum beschuldigt er uns dann noch? Wer kann seinem Willen widerstehen? Ja, lieber Mensch, wer bist du denn, dass du mit Gott rechten willst? Spricht auch ein Werk zu seinem Meister: Warum machst du mich so? Hat nicht ein Töpfer Macht über den Ton, aus demselben Klumpen ein Gefäß zu ehrenvollem und ein anderes zu nicht ehrenvollem Gebrauch zu machen?

Da Gott seinen Zorn erzeigen und seine Macht kundtun wollte, hat er mit großer Geduld ertragen die Gefäße des Zorns, die zum Verderben bestimmt waren, damit er den Reichtum seiner Herrlichkeit kundtue an den Gefäßen der Barmherzigkeit, die er zuvor bereitet hatte zur Herrlichkeit. Dazu hat er uns berufen, Barmherzigkeitsgefäße zu sein, nicht allein aus den Juden, sondern auch aus den Heiden.

Ein langer Text, ein schwerer Text. Paulus ringt mit Worten und mit Argumenten.

Gleich zwei Schriftbeweise und ein Beispiel aus der Umwelt bezieht er in seine Überlegungen ein. Er zitiert die eine Stelle aus der Exodusgeschichte, in der Moses den Lichtglanz Gottes sehen will. Moses sehnt sich nach Kraft, Ermutigung und Bestätigung, die Führungsrolle gegenüber seinen unverständigen und undankbaren Landsleuten auszufüllen. Hatten sie sich doch ihren sichtbaren Götzen im Goldenen Kalb errichtet.

Nun steht Moses in der Felsspalte am Sinai. Gott hält die Hand über ihn und er sieht IHM nach. Denn Gottes Angesicht kann kein Mensch sehen. Nur a posteriori wird man ihn noch spüren, seinem Vorübergehen nachsinnen und nachsehen können. Die Diskussion Auge in Auge ist unmöglich.

Das zweite Beispiel verschärft die Argumentation: Gott hat den Pharao aufgestellt, um seine Macht zu erweisen. Deshalb erfahren die einen Barmherzigkeit, die andern werden hart gemacht, wie ein Stock verhärtet. Spielt Gott denn mit Menschen wie mit Marionetten? Wer ist dann noch verantwortlich für das, was er mit seinem Leben anrichtet und was er daraus macht? Die menschliche Freiheit ist ja kein Freibrief für Verantwortungslosigkeit. Im Gegenteil, die Freiheit drängt uns zu einer Verantwortung gegenüber der Schöpfung.

Aber sind nicht gerade heute auch die Begründungen vielfach, mit denen wir Menschen uns der Verantwortung entziehen und entschuldigen wollen?

Da sind es glückliche oder unglückliche Zeitumstände, da hat einer „Schwein" oder „Pech", da entscheiden Veranlagung und Vererbung, da bestimmt die genetische Disposition alles ...

Was sagt Paulus dazu?

Er bestreitet das Recht, sich mit Gott über einen Disput über die Rätsel seiner „Weltregierung“ und des Lebens überhaupt einzulassen.

Beruht der Vorwurf, dass Gott ungerecht ist, nicht auf der Voraussetzung, dass wir meinen, Gottes Handeln nach unseren menschlichen Maßstäben für das, was recht ist, anzupassen?

Schon Hiob gibt den klugen und frommen Freunden die Antwort, wirf dich nicht zum Richter auf über Dinge, die Du nicht verstehst, die kein Mensch verstehen kann.

Der Vergleich mit dem Ton in der Hand des Töpfers ist ein gängiges Bild in der Antike, doch es erscheint mir in diesem Zusammenhang bedrohlich einseitig. Auf der anderen Seite steht doch auch die Vorstellung, dass Gott dem Erdenkloß, aus dem er sein Geschöpf formte, seinen Atem eingehaucht hat. Ist der Mensch damit nicht weit mehr als der Ton in des Schöpfers Hand? Ist er nicht eine lebendige Seele, ein zum Lieben und damit zur Antwort fähiges Ich? D.h. doch, wir Menschen können uns für ihn entscheiden, seine Liebe erwidern und weitergeben. So sind wir Menschen also nicht nur Marionetten ohne Sinn und Verstand.

Calvin mag es erfasst haben, wenn er resümiert: „die göttliche Vorbestimmung ist ein Labyrinth, aus dem sich der menschliche Geist auf keine Weise herauswinden kann."

Ich denke, wir kommen nicht weiter, wenn wir versuchen, ein Programm oder Prinzipien darin zu sehen. Wer erklärt uns denn die rätselhaften Sprünge in der Evolution? Das Meer passt eben nicht in den Eimer, wie es die Volksweisheit sagt. Auch wenn der Mensch die Begrenztheit seines Denkens oft nicht einsehen will. Es mag für Paulus charakteristisch sein, dass er all seine Überlegungen in ein Gebet, in einen Lobpreis Gottes münden lässt (Röm 11,13-36).

Viermal hat Paulus das Wort Erbarmen bisher benutzt. Die Gefäße des Zorns sind eben da. Verheerende Schicksale, bösartiges Handeln, unmenschliche Zerstörungswut. Aber daneben existieren auch die Gefäße der Barmherzigkeit. Sie waren zuerst da! Der Gedanke, dass Gottes Handeln auf Erbarmen zielt, durchzieht die ganze Bibel. (Auch der Wochenspruch Dan 9,12 verweist uns darauf.)

Dies ist letztlich die Botschaft von Jesu Leben und Tod am Kreuz für uns: Erbarmen und Liebe bleiben gültig durch den Tod hindurch - zur Auferstehung. Das schließt auch die Hoffnung ein, im Nachhinein dies Leben in Klarheit zu schauen.

Solange Gott mich will und liebt, mich formt und mir Atem gibt, kann ich glauben und heute und immer wieder ein Gefäß der Barmherzigkeit werden.

Was für mich zuerst sinnlos erscheint, muss nicht sinnlos sein. Wenn ich zurückblicke, dann habe ich mehr gelernt aus den widrigen Erfahrungen in meinem Leben. Die Zeit, in der ich ganz unten war, eingesperrt, die möchte ich nicht mehr missen aus meinem Leben. Sie hat mich geformt und meinen Horizont geweitet. Ich weiß, das ist nicht immer so. Wie viele sind sinnlos gestorben! Darin einen Sinn zu suchen, wäre unmenschlich. Aber ein Gefäß der Barmherzigkeit zu werden macht Sinn. Um auf den konkreten Hintergrund des Textes noch einmal zu kommen, weder Paulus noch uns steht es zu, über die Juden in irgendeiner Weise gering zu denken. Sie haben uns das Gefäß der Barmherzigkeit gereicht. Ihnen verdanken wir den geschichtlichen Anfang des Gottesglaubens. Ihnen verdanken wir auch Jesus, den Juden. Und wir können unwahrscheinlich dankbar sein, dass Gottes Liebe nicht nur auf ein Volk beschränkt blieb, sondern unendlich viel größer ist, als wir uns vorstellen können. Werden wir zu barmherzigen Menschen.

Amen.

Liedvorschlag EG 432: Gott gab uns Atem, damit wir leben

4. „Ach bleib mit deiner Gnade"

Predigtreihe „Passion im Lied" – EG 347

Invokavit, 4. März 2001

Gemeindegesang:

> „Ach bleib mit deiner Gnade bei uns, Herr Jesu Christ,
> dass uns hinfort nicht schade des bösen Feindes List."

Josua Stegemann

Predigt

Mein Zug kam kurz vor Mitternacht in Berlin an. Das Wochenende bin ich in Dresden bei meinen Eltern gewesen. Ich wollte schnell nach Hause. Vom S-Bahnhof durch den Mombijoupark waren es keine fünf Minuten bei schnellem Schritt. Mein Mann würde hoffentlich noch wach sein. Kein Mensch war mehr unterwegs. Ich hatte schon fast die nächste Häuserfront des leerstehenden Postverwaltungsgebäudes erreicht, da schrillte ein Pfiff. Ein großer schwarzer Hund jagte auf mich zu, sprang mich an. Ich stand wie gebannt. Von der Seite trat ein Mann aus der Dunkelheit. „Aus!" rief er und packte mich am Handgelenk. „Komm mit!". In mir rasten die Gedanken. Niemand ist hier, niemand hört mich. Bei dem Hund kann ich nicht entkommen. Gott hilf mir. Gib mir die richtigen Worte. Der Mann hielt mich fest „Komm mit!" wiederholte er gepresst. „Lass mich los!" rief ich und redete um mein Leben. Ich sprach ihn auf sein Menschsein an. „Was hast du davon, wenn du mich vergewaltigst? Ich bin eine verheiratete Frau, habe ein Kind. Du bist jung, hast das Leben vor dir. Du kannst doch auf ganz normalem Weg eine Freundin bekommen, die dich liebt. Wenn du mir Gewalt tust, dann machst du dich unglücklich, wirst verfolgt. Du musst dir dein Leben doch nicht versauen. Meins machst du auch kaputt. Ich trau dir zu, dass du ein Mensch bist und so was nicht machst. Ich glaub an Gott, der zeigt dir einen besseren Weg." Das Wunder geschah. Er ließ los. Ich ging weiter. Ich zwang mich, nicht zu rennen, obwohl meine Herz bis zu den Ohren klopfte. In diesem Moment spürte ich, was Gnade ist. Wie ein Schutzmantel hatte sie sich um mich gelegt, „dass uns hinfort nicht schade des bösen Feindes List".

Dies Erlebnis fiel mir ein, als ich über dieses Lied nachsann. Es entstand 1627. Der Dichter des Textes, Josua Stegmann, stammt aus Sülzfeld bei Meiningen. Er war 39 Jahre alt und inzwischen Superintendent und Theologieprofessor in Rinteln an der Weser, als er diese Verse niederschrieb. Der dreißigjährige Krieg verwüstete das Land. Glaubenskampf weitete sich zum Machtkampf aus. Die Kriegsereignisse brachten es mit sich, dass er drei Jahre später aller materiellen Grundlagen beraubt wurde. Man nötigte ihn zu einer Disputation, die nur auf eine Verspottung hinauslief. Er starb darauf im übernächsten Jahr. Dies Lied aber behielt seine Kraft und steht als einziges von ihm noch heute, nach nun 374 Jahren, in unserem Gesangbuch. Ich singe es gern. Die Melodie stammt von dem ihm wohl bekannten achtzehn Jahre älteren Kantor Melchor Vulpius aus Schleusingen. Er hatte sie ursprünglich zu einem Sterbelied komponiert (Christus, der ist mein Leben, Sterben mein Gewinn, EG 516).

Josua Stegmann beginnt sein Lied mit einem Seufzer: „Ach!". Dieser Seufzer kommt aus tiefstem Herzensgrunde am Anfang jeder Strophe. Sechsmal wiederholt er dieses „Ach" und die Not in seinem Herzen wandelt sich damit gleichsam zur Bitte, zum Gebet, doch bewahrt zu bleiben vor des bösen Feindes List.

Aber was ist denn des bösen Feindes List? Gibt es den bösen Feind überhaupt? Die Bibel nennt ihn Teufel oder Satan. Sie nimmt die Erfahrung ernst, dass es die Macht des Bösen gibt. Eine gefährliche Macht, die Leben zerstört. In ihrem Bereich werden Menschen verleitet, sich gegen das Leben zu stellen. Es geht darum, dass wir nicht Schaden nehmen, dass wir nicht dem Teufel auf den Leim gehen. Ich war doch im Mombijoupark versucht, mich kräftig zu wehren, zurückzuschlagen. Irgendetwas hat mich davor bewahrt. Gottes Gnade, denke ich. Irgendwie muss der andere das gespürt haben.

In dieser Situation war das Böse offensichtlich. Ich hätte genauso böse werden können. Wenn ich eine Pistole oder ein Messer bei mir gehabt hätte, dann hätte ich ihn umbringen und beseitigen können. Im Nachhinein bin ich froh, dass ich das nicht gehabt habe. Ich gehe auch heute nicht bewaffnet aus dem Haus. Gewalt mit Gewalt zu beantworten, führt zu einer Spirale des Todes. Wenn wir Böses mit Bösen vergelten, dann begeben wir uns in den Machtbereich des Bösen. Denn, wenn ich meinen Feind hasse, verleihe ich ihm auch Macht über mich: Macht über meine Gedanken, Macht über meinen Schlaf, Macht über meinen Blutdruck ... Der Hass schlägt zurück.

„Führe uns nicht in Versuchung, sondern erlöse uns von dem Bösen" beten wir gemeinsam.

So nennt in der zweiten Strophe Josua Stegmann Jesus Christus den „Erlöser": *Ach, bleib mit deinem Worte bei uns Erlöser wert ...*

Das heißt, ich bin nicht allein und orientierungslos im Leben. In Jesus Christus hat Gott uns gezeigt, wie sein Leben und seine Liebe sich in der Welt auswirken. Er widerstand der Versuchung zur Macht, der Versuchung durch Schmeichelei und der letzten Versuchung, den Satan anzubeten. Er blieb achtsam und zog die Grenze zwischen sich und dem Teufel: *„Hebe dich hinweg von mir, Satan! Denn es steht geschrieben: „Du sollst Gott, deinen Herrn, anbeten und ihm allein dienen“* (Mt 4,10). Jesus schlug nicht auf den Teufel ein, sondern vertraute Gott allein. Er wusste, dass er ganz fest zu Gott gehört.

Wir leben in einer Zeit, in der die zerstörerische Gewalt breiten Raum einnimmt. Eine nur auf Leistung und Gewinn orientierte Gesellschaft frisst die menschlichen Werte. Wir leben alle längst auf Kosten derer, die wir ausbeuten – wir sehen sie bloß nicht, die Menschen in der dritten Welt. Und wie sollen unsere Kinder an Werte glauben, wenn die Verantwortlichen in der Regierung sich mit Millionen bereichern und nicht mal zur Rechenschaft gezogen werden?

Der junge Mann aus dem Park, er hatte ein verwahrlostes Gesicht, er glaubte, er kann sich mit Gewalt jede Frau nehmen zu seinem Spaß. Die Videotheken sind voll von Filmen, die solche sexuelle Gewalt zeigen. Niemand verbietet es, denn es bringt Gewinn.

Die Bitte um Wahrheit, die vor dem Irrtum bewahrt, wird mir zur Bitte in diesem Lied (Vers 3):

Ach, bleib mit deinem Glanze bei uns, du wertes Licht; dein Wahrheit uns umschanze, damit wir irren nicht.

Ist es nicht makaber, wenn schon Christen bitten, sich mit einzusetzen, dass ein Armeestandpunkt in Eggesin erhalten bleibt, damit Arbeitsplätze erhalten werden? In Wahrheit wäre es sinnvoller, lebenserhaltende Arbeitsmöglichkeiten und Arbeitsfelder zu suchen. Müssen Schulen wirklich geschlossen werden, wenn weniger Kinder da sind? Als wenn Kinder so etwas wie Kunden wären!

Wäre es nicht eine gute Möglichkeit, den Kindern mehr Zuwendung zukommen zu lassen? Sicher, man kann damit nicht so viel verdienen, wie mit Waffengeschäften. Aber es geht um unser Leben und das Leben dieser einmalig schönen Welt, die ich auch meinen Kindern und Enkeln erhalten möchte.

Wie ein Bogen spannen sich die Worte für die göttlichen Gaben dieser sechs Strophen um mich, die mich bewahren mögen vor der Versuchung zum Bösen:

GNADE - WORT - GLANZ - SEGEN - SCHUTZ - TREUE

Die Einfachheit der Worte, die Schlichtheit und die Klarheit des Reimes sind es wohl, die es vermögen, uns auch heute noch anzusprechen und zu berühren. Wir dürfen uns mit unter diesen Bogen, den Schutz Jesu stellen.

Es ist so viel Böses auf der Welt. Wie gut, dass es diesen Schutzwall gibt. Der Dichter Josua Stegmann hat uns mit diesem Lied davon erzählt.

Amen.

5. Glauben Sie an die Auferstehung der Toten?

Predigt zu 1. Korinther 15,1-11

Ostersonntag, 4. April 2010

Liebe Gemeinde,
noch klingt der Jubel am Ostermorgen mit seinem vielfältigen Halleluja im Ohr:

„Christus ist auferstanden!"
„Er ist wahrhaftig auferstanden!"

Das ist und war die Antwort der Christen seit jenem Ostermorgen, da die Frauen am Grabe waren. In Trauer gefangen gingen sie hin, um dem geliebten Menschen die letzte Ehre zu erweisen und seinen toten Körper zu salben. Aber das Grab war leer!
Sie hatten die Botschaft der Engel vernommen: „Fürchtet euch nicht ... er ist auferstanden!" Sie haben ihn gesehen und gehört. Er weckte ihren Lebensmut und sie sagten es weiter.

Glauben Sie an die Auferstehung der Toten?
Kennen Sie diese Frage?
Sie wird und wurde seit jenem Ostermorgen immer wieder neu gestellt.
Auch der Apostel Paulus musste sich dieser Frage stellen, kaum zwei Jahrzehnte nach Jesu Tod und Auferstehung als sich durch die Begegnung und die Bekehrung sein Leben total gewandelt hatte, als er vom Saulus zum Paulus wurde, aus einem Denunzianten zum Verkündiger der befreienden

Botschaft Jesu. Das ganze 15. Kapitel des ersten Briefes an die Korinther ist seine Antwort darauf.

Lesung: 1. Kor 15,1-11

Ich erinnere euch, liebe Geschwister, an die frohe Botschaft, die ich euch gebracht habe, die ihr auch angenommen habt, und mit der ihr auf festem Grund steht, dadurch ihr auch gerettet werdet, wenn ihr sie festhaltet in der Gestalt, in der ich sie euch verkündigt habe; es sei denn, dass ihr umsonst zum Glauben gekommen wäret. Denn als erstes habe ich euch weitergegeben, was auch ich empfangen habe: dass Christus gestorben ist für unsere Sünden nach der Schrift; und dass er begraben worden ist; und dass er auferweckt worden ist am dritten Tage nach der Schrift und dass er gesehen worden ist von Kephas und dann den Zwölfen. Danach erschien er mehr als 500 Geschwistern auf einmal, von denen die meisten heute noch leben, nur einige sind schon tot. Dann erschien er Jakobus und schließlich allen Aposteln und Apostelinnen.

Als Letztem erschien er auch mir als einer unzeitigen Geburt. Denn ich bin der Geringste in der apostolischen Gemeinschaft und nicht wert, ein Apostel zu heißen, weil ich die Gemeinde Gottes verfolgt habe. Aber durch Gottes Gnade bin ich, was ich jetzt bin, und seine Gnade an mir ist nicht vergeblich gewesen.

Ich habe nämlich mehr als alle anderen gearbeitet - nicht aus mir selbst, sondern weil Gottes Gnade mich geleitet hat. Doch gleich ob die anderen oder ich:

So predigen wir, und so habt ihr geglaubt.

Liebe Gemeinde,
wesentlich für den Apostel ist, dass er weitergibt, was er empfangen hat. Und zwar getreu und genau.
Er versteht sich als Empfänger und nicht Erfinder des Evangeliums. Das Evangelium, die gute Botschaft, ist keineswegs eine inspirierte Idee, sondern ganz konkret an die Geschichte von Jesus von Nazareth geknüpft. Und diese Geschichte umfasst seine Menschwerdung, seinen Tod (als Konsequenz seines opferbereiten Lebens für diese Welt) und die Auferstehung. Eins ist dabei untrennbar mit den anderen verknüpft. So gehört die Auferstehung Jesu Christi von den Toten von Anfang an und ein für allemal zu dem, was in den christlichen Gemeinden verkündigt wird.
Und diese Verkündigung geht wiederum zurück auf einen ganz bestimmten Kreis von Menschen, die gesehen, gehört und miterlebt haben, was da geschehen ist.
Paulus zählt hier konkret auf, wer zum Kreis der Zeugen gehört. Sicher, als Mann in seiner Zeit vermag er nur die Männer aufzuzählen, denn die Frauen sind ohnehin inbegriffen. So werden die ersten Zeuginnen , wie Maria Magdalena und die andere Maria (Mt 28), gar nicht benannt. Aber schon sie haben ihre Begegnung mit dem Auferstandenen weiter erzählt und Jesus ist dann nach der Schilderung des Paulus gesehen worden von Kephas, danach von den Zwölfen, und danach von mehr als 500 Brüdern. Auch da waren sicher Frauen und Kinder dabei. Eine große Menge also.
Es ist uns aber nicht mehr möglich diesen ältesten Osterbericht, den wir hier vorliegen haben, mit den synoptischen Ostergeschichten der Evangelien lückenlos in Übereinstimmung zu bringen. Doch darin stimmen die Berichte alle überein, dass es sich immer nur um eine begrenzte Zahl von Menschen handelt, denen der Auferstandene begegnet. Eben Zeitzeugen.

Der Apostel sprengt den historischen Horizont, wenn er sich selbst zu den Zeugen hinzu fügt und mit aufgereiht sieht in die Kette der Augen und Ohrenzeugen.

Er ist der erste „Auferstehungszeuge", der den historischen Jesus nicht mehr kennen konnte. Da trennten ihn Raum und Zeit. Er erlebte Jesus vielmehr als eine sein normales Sein erschütternde und verwandelnde Wirklichkeit.

Schade finde ich nur, dass der Apostel hinter sich die Kette der Offenbarungen des Christus schließt. Was heißt denn „als Letztem" von mir gesehen? Ich denke, die Kette der Menschen, denen Jesus begegnet ist, riss bis heute nicht ab.

Würden wir uns sonst so zusammenfinden?

Und doch sind die ersten Zeuginnen und Zeugen die wichtigsten, denn zu ihnen müssen wir immer wieder zurück und ihnen nachglauben, wenn wir die christliche Botschaft nicht neu erfinden wollen.

Zugleich möchte ich aber Ostern diesen festen Kreis der Zeugen aufgebrochen wissen - so wie es Paulus auch für sich tat. Denn es gibt sie bis heute, die Menschen, denen Christus begegnet ist, und die daraus den entscheidenden Anstoß für ihr Leben bekamen. Und immer, wenn ein Mensch getauft wird, tun wir das doch in der unerschütterbaren Zuversicht, dass Christus lebendig ist und sagt: *„Siehe, ich bin bei euch alle Tage bis an das Ende der Welt"* - das ist erfahrbar auch von uns. Wir stehen damit in einem Strom der Überlieferung, der uns trägt und dafür bürgt. Deshalb stiegen die ersten Christen bei der Taufe auch in lebendig strömendes Wasser, tauchten unter und durch Gott zu neuen Leben erweckt wieder empor.

Die christliche Überlieferung ist die eine Form, in der wir dem wunderbaren Geschehen von Tod und Auferstehung begegnen und somit Anteil an

diesem lebendig machenden Strom des Lebens bekommen. Es geht hier auch für uns um Tod und Leben, um ewiges Leben.
Für den Apostel Paulus bedeutete die Begegnung mit Christus auf seinem Weg nach Damaskus, als er im Begriff war, die Christen aufzuspüren und zu verraten, weil sie die für die Juden festgelegten römischen Staatsgesetze missachteten und den Kaiserkult nicht mitmachten, die totale Wende im Leben. Der Auferstandene ist ihm begegnet. Saulus stürzte zu Boden und Paulus wurde aufgerichtet.
Was hat er erfahren?
Er hat sich erkannt gefühlt, vielleicht erstmalig in seinem Leben, in dem er sich so abgestrampelt hat, das Richtige zu tun, das Gesetz zu erfüllen, die Falschen und Gesetzlosen (Christen) zu verfolgen und zu denunzieren. Er hat begriffen, dass er aus Gnade lebt, dass Gottes Liebe und Gnade auch durch eine Hinrichtung nicht totzukriegen sind, dass Gott auch über und in allen Abgründen da ist.

Und wenn ich nun das ganze Kapitel seines Nachdenkens und Argumentierens über die Auferstehung der Toten lese, so mündet doch alles in dem einen Satz: *„damit Gott sei alles in allem"* (1.Kor 15,28). Das hat zu genügen. Bitte kein Ausmalen mit Engelchen und rosa Himmelsplüsch. Damals nicht und heute schon gar nicht. Dafür aber das umso stärkere Zutrauen, dass Gott uns verwandeln kann. Und einmal ganz und alles und die ganze Welt und mich natürlich auch.
Der verfluchten Macht des Tötens und der Unterwerfung setzt Gott Ostern entgegen als eine Macht, die aufrichtet und lebendig macht.
Wir kommen von Karfreitag her. Was uns kaputt macht kennen wir doch nur all zu gut. Die Verzweiflung über uns selbst, die Krankheit, die einen zerfrisst, die Stimmen, die einen raten da hinzusehen, was mich kaputt

macht. Da ging eine Ehe schief, da starb der Partner, da gehen Kinder unverstandene Wege, da werde ich aus dem Beruf gemobt, da töten Menschen weiter Menschen und wir Deutschen liefern beinahe die meisten Waffen dafür, da reicht ein Tschernobyl nicht, da werden Atomkraftwerke weiter betrieben ...

Ostern ist für mich das ganz konkrete Angebot, die Augen zu öffnen und einen neuen Lebenshorizont aufgehen zu lassen. Einen Lebenshorizont, in dem mir vergeben und zugetraut wird, von der Kraft der Auferstehung zu leben, dem "Ja" Gottes, das auch über meinem und deinem Leben steht. Von Ostern her kommt die Lebensenergie, die nichts und niemanden dem Tod, dem heimlichen Vergessen und Wertlossein überlässt.
Aus Gnade leben können, da leuchten die Auferstehungsseiten in meinem Leben wieder auf, die Fülle der Freude, die mich berührt.
Das Sorgen um einen kranken Menschen,
gemeinsames Singen und Musizieren,
sehen, wie die Natur erwacht,
stehenbleiben bei einem Kinderlachen,
wieder das Staunen lernen,
Abkehr von der zukünftiges Leben zerstörenden Atomenergie,
mehr aufeinander hören
und miteinander reden um einen gemeinsam gangbaren Weg zu finden -
ja, vielleicht setzten Sie diese Auferstehungsseiten fort.

Der Schweizer Pfarrer Kurt Marti will uns mit seinem Gedicht dazu anregen:

ihr fragt
wie ist
die auferstehung der toten?
    ich weiß es nicht

ihr fragt
wann ist
die auferstehung der toten?
    ich weiß es nicht

ihr fragt
gibt's
keine auferstehung der toten?
    ich weiß es nicht

ich weiß
nur
wonach ihr nicht fragt
    die auferstehung derer die leben

ich weiß
nur
wozu Er uns ruft:
    zur auferstehung heute und jetzt

Amen.

6. Pfingsten heute

Predigt zu Epheser 4,10-16
Pfingstmontag, 5. Juni 2006

Liebe Gemeinde,
Pfingsten „das liebliche Fest“ ist gekommen, frisches Birkengrün schmückt auch unsere Kirche. Überall grünt es und blüht. Auf dem Dornbusch leuchtet goldgelb der Ginster.
Wir feiern den Geburtstag der Kirche, das Kommen des heiligen Geistes. Lukas hat uns erzählt, wie die Freunde und Freundinnen Jesu hinter geschlossenen Türen saßen, weil sie Angst hatten, dass ihnen das gleiche passiert wie Jesus: Hinrichtung auf Grund ihrer Lebensweise und ihres Glaubens. So zogen sie es vor, nach seinem Tod in geschlossener Gesellschaft zu bleiben. Zwar hatten ein paar Frauen aufgeregt erzählt, wie sie Jesus als Auferstandenen gesehen hatten und gehört, wie er zu ihnen sprach: „Fürchtet euch nicht!“
Die Jünger sahen ihn dann auch. Aber ihre Ohren müssen taub gewesen sein. Sie konnten es nicht glauben. Nun aber, 50 Tage nach Ostern, als zu dem jüdischen Erntefest viele Leute nach Jerusalem kamen, schlossen sie sich erst recht ein.
Dann geschah das Unvorhergesehene. Sie spürten eine Bewegung von außen.
Ein nicht aufzuhaltender Wind erfüllte das Haus, wurde sichtbar, wärmte und erleuchtete sie – wie Feuerzungen auf ihren Köpfen. Die Sprache kam wieder wie Musik, allen verständlich. Die Angst wich. Sie öffneten sich,

öffneten die Tür. Sie bekannten sich zu Christus und erzählten weiter, was sie mit ihm erlebt hatten und dass er lebt und da ist und wirkt.

Das ist der Geburtstag der Kirche.

Der Epheserbrief enthält die wichtigsten theologischen Aussagen des Neuen Testaments über die Kirche.

Ich lese einen Abschnitt aus dem 4. Kapitel vor:

Eph 4,10-16:

Derselbe, der herabstieg, ist auch hinaufgestiegen bis zum höchsten Himmel, um das All zu erfüllen

Und er gab den einen das Apostelamt, andere setzte er als Propheten ein, wieder andere als Evangelisten, zu Vorstehern oder Lehrern, um die Heiligen für die Erfüllung ihres Dienstes zu befähigen – für den Aufbau des Leibes Christi.

So sollen wir alle zur Einheit im Glauben und in der Erkenntnis des Sohnes Gottes gelangen, damit wir zum vollkommenen Menschen werden und Christus in seiner vollendeten Gestalt darstellen.

Wir sollen nicht mehr unmündige Kinder sein, ein Spiel der Wellen, hin und hergetrieben von jedem Widerstreit der Meinungen, dem Betrug der Menschen ausgeliefert, der Verschlagenheit, die in die Irre führt.

Wir wollen uns von der Liebe geleitet an die Wahrheit halten und in allem wachsen, bis wir sie erreicht haben.

Er, Christus, ist das Haupt.

Durch ihn wird der ganze Leib zusammengefügt und gefestigt in jedem einzelnem Gelenk.

Jedes trägt mit der Kraft, die ihm zugemessen ist.

So wächst der Leib und wird in Liebe aufgebaut.

Ein schönes Bild. Christus ist das Haupt und wir alle haben Teil am Leib Christi.

Gestern sagte mir eine Besucherin: „Wenn der kleine Zeh wehtut, weint das Auge.“

Es ist alles miteinander verbunden und es ist eine alte Weisheit, dass man z.B. mit dem Blick in die Augen, der sogenannten Irisdiagnose, feststellen kann, was einem Menschen fehlt.

Alles wirkt wunderbar zusammen. Ein Glied funktioniert nicht ohne das andere.

Wenn Christus das Haupt ist, dann kommen wir durch ihn zur Einheit, zur Vollkommenheit.

Sehnt sich nicht jeder Mensch nach Vollkommenheit?

Ganzheitlichkeit ist heute ein Schlagwort.

Auch Goethe hat das in seinem Gedicht „Urworte orphisch“ folgendermaßen beschrieben:

„Wie an dem Tag, der dich der Welt verliehen,
die Sonne stand zum Gruße der Planeten,
bist also bald und fort und fort gediehen
nach dem Gesetz, wonach du angetreten.
So musst du sein, dir kannst du nicht entfliehen,
so sagten schon Sybillen, so Propheten;
und keine Zeit und keine Macht zerstückelt
geprägte Form, die lebend sich entwickelt.“

Hat er damit nicht auch eine Hymne an Schöpfer gedichtet?

Jeder Mensch ist an eine bestimmte Form gebunden, in der er sich entwickeln kann.

Bei Goethe geht es um die Möglichkeit, die Form zu füllen - wie eine schöpfungsgemäße Verpflichtung seinem Lebensplan zu folgen.
Der Mensch ist damit nicht allein.
Der Schreiber des Epheserbrief entwirft ein mystisches Bild: Christus wird geschaut als alles durchwirkende Gestalt, ja als kosmischer Christus wird er uns hier vorgestellt.
In das Ganze der Schöpfung ist der Mensch eingebunden. Ja, um des Menschen willen wird Christus hier geschaut.
Eine Mystikerin des Mittelalters, Hildegard von Bingen, sah dieses Bild in einer großartigen Schau und es bestimmte ihr Leben. Sie formulierte es in einem Lied zum Lob Gottes:
„Von der Erde bis hoch zu den Sternen überflutet die Liebe das All.
Sie ist liebend zugetan allen, da sie dem Höchsten den Friedenskuss gab."
Und wenn das so ist, dass diese liebende Energie in allen ist, dann hat das für mein Leben Konsequenzen.
Wie kann ich teilhaben an diesem vollkommenen Leib Christus, wie kann ich wachsen in der Liebe, so dass ich nicht Spielball der Wellen werde, dem Widerstreit der Meinungen ausgeliefert und den mich immer wieder überflutenden betrügerischen Versprechungen der Werbung auf den Leim gehe?

Vielleicht versuchen Sie einmal diese Übung. Es ist eine einfache Übung. Mir hat sie geholfen. Stellen Sie sich den Menschen vor, mit dem Sie Schwierigkeiten haben. Sehen Sie ihn als Gottes Geschöpf, in dem genauso die Möglichkeit zur Vollkommenheit steckt.
Könnte es sein, dass sich im Miteinander etwas ändert?
Wir kennen alle unsere Schattenseiten: Zorn, Wut, Enttäuschung über das Zu- kurz- Gekommen-Sein.

Aber bei diesem Christus am Kreuz sehe ich seine geöffneten Arme. Die großen einladenden Hände. Sie segnen und geben Kraft. Wir Menschen können diese Liebe aufnehmen, spüren und weitertragen.

Der Schreiber des Epheserbriefes gibt sich im Rahmen seiner Möglichkeiten große Mühe, das weiterzusagen.
Deshalb finden wir in diesem Brief auch sehr viele Ratschläge. Fast zu viele.
Einen habe ich als Kind schon immer gehört. Meine Mutter prägte ihn uns Geschwistern ein: „Lasst die Sonne nicht über eurem Zorn untergehen." Versöhnt euch vor dem Schlafengehen.
Jeder weiß, wie schwer das manchmal ist und wie befreiend, wenn wir den ersten Schritt auf den anderen zugehen.
Luther sagte: „Der Heilige Geist – das ist die Flamme des Herzens, die Lust hat zu dem, was Gott gefällt."
Ein toller Satz! Ich werde hier richtig zu Gott gelockt.
Wir bitten um Gottes Geist, um zu vollkommenen Menschen zu werden, eben so wie Gott uns gemeint hat.
Wir sind dabei nicht allein. Er ist bei uns. Im Abendmahl lädt er uns ein, die Gaben des Lebens zu teilen.
Aufgabe der Kirche ist es, diese Kraft Christi, die alles durchwirkt, den Menschen weiterzusagen. Das ist Pfingsten heute.

Amen

Liedvorschlag EG 130,1-3.5

7. Heilung als Zumutung

Predigt über Matthäus 9, 35-38

1. So. n. Trinitatis, 2. Juni 2013

Und Jesus wanderte durch alle Städte und Dörfer, lehrte in ihren Synagogen, verkündete das Evangelium von der gerechten Welt Gottes und heilte alle Krankheiten und alle Leiden.
Als er die vielen Menschen sah, hatte er Mitleid mit ihnen; denn sie waren müde und erschöpft wie Schafe, die keinen Hirten haben.
Da sagte er zu seinen Jüngern: „Die Ernte ist groß, aber es gibt nur wenig Arbeiter. Also bittet aber den Herrn der Ernte, viele Menschen zur Arbeit in seine Ernte auszusenden."

Liebe Gemeinde,
Jesus war nicht beamtet. Er hatte auch kein Studium der Theologie absolviert. Er war nicht in den kirchlichen Dienst übernommen und bekam folglich kein festes Gehalt, geschweige denn eine in Aussicht stehende Pension.
Er predigte aus innerem Antrieb. Ihn hielt es nicht zu Hause. Er ging umher „Peripathein" heißt es im Griechischen. Von Ort zu Ort zog er durch Städte und Dörfer und begeisterte mit seinem Kommen die Menschen. Durch heilsame Worte und Gesten heilte er nicht nur die Kranken.

Er ging nicht abgestumpft durch die Lande. Es ging ihm zu Herzen, was er hier sah. Er empfand mit den Menschen. Ihm begegnete eine erschöpfte

Masse. Müde, abgestumpft und traurig. Die Daseinsfreude war nicht mehr zu spüren.
Hoffnungsvisionen waren längst erloschen. Er sah sich einer Masse gegenüber, die träge vor sich hin lebte wie eine Herde Schafe ohne Hirten, d.h. ohne einen, der ihnen den Weg wies, ohne einen, der ihnen Grenzen setzte, ohne einen, der ihnen ihre eigenen Werte bewusst machte.
Diesen Menschen stellte er die Vision vom Reich Gottes vor. Gott hat mit jedem Mensches etwas vor. Deshalb rief er jeden einzelnen ins Leben. Und er will seine Geschöpfe begleiten, ihnen voraus sein und mit ihnen sein, wie er es schon längst war.
Wer das begreift und in sich aufnimmt, der kann auch heute geheilt werden. Geheilt von einem aussichtslosen Dasein, geheilt von Trägheit und Abgestumpftheit.
Heilung geschieht nicht im luftleeren Raum. Es muss ein Raum da sein, in dem sich Heil ausbreiten kann. Das sagt man so leicht.
Vielleicht ein Beispiel dazu:

Die Diagnose war Krebs, konkret Brustkrebs. Da ließ die Frau sich operieren. Sie nahm die Chemotherapie auf sich und ließ sich anschließend bestrahlen. Der Krebs war so erst einmal weg. War er das? Gehorchten die Zellen jetzt dem inneren Bauplan des Lebens? Funktionierten sie wieder?

Doch die Frage blieb: Was soll ich noch mit meinem Leben? Wozu das alles?
Körperlich funktionierte sie wieder, aber ihre Seele war nicht lebendig. Sie wusste nicht, was sie sollte in dieser Welt. Geheilt war sie nicht. Wie konnten da ihre Zellen wissen, was sie machen sollten? Würden sie sich wieder unkontrolliert ausbreiten, irgendwo, sinnlos, keinem Plan gehorsam?

Nein, geheilt war sie nicht. Dazu hätte es mehr bedurft.

Ja, was denn?

Wenn da einer gesagt hätte, du hast das alles überstanden, das hat einen Sinn. Dein Leben ist nicht vorüber. Du wirst eine Aufgabe finden. Du wirst mit am Reich Gottes arbeiten, denn du hast die Kraft dazu geschenkt bekommen.

Und dieses Reich ist nicht fern von dir. Nur will es jeden Morgen neu gefunden und von dir angenommen werden.

Du lebst. Du kannst Leben weitergeben. Du kannst Deiner Nachbarin Frühstück machen, wenn sie krank ist. Du kannst für die andere einkaufen gehen. Du kannst dem Kind ein Lied vorsingen. Du kannst die Vögel füttern. Du kannst dich engagieren dort, wo Unrecht geschieht. Du brauchst nicht mehr auf Kosten anderer leben. Du musst keine Billigklamotten tragen, an denen sich in Fernost andere zu Tode rackern. Lass dir die Nahrung nicht mehr vergiften. Weniger ist mehr. Unzählbare Möglichkeiten tun sich auf und damit auch der Raum, in dem sich Heilung ausbreiten kann.

Du hast gar keine Zeit mehr zu denken, dein Leben sei sinnlos.

Du bist geheilt.

So oder ähnlich könnte Jesus gesprochen haben und er richtete sich damit gegen die Stimmen, die uns Menschen von innen her aushöhlen und krank machen. „Ich trau mich nicht …“, „Ich trau mir nichts zu …“, „Ich kann das doch nicht ...“ Genau gegen diese Stimmen, die so oder ähnlich klingen und unser Leben nichtig machen, steht Jesus auf. Heilung beginnt innen und wirkt nach außen.

Das hat Jesus gesehen. Das rührte ihn an. Die Kranken fühlten sich von ihm erkannt und angenommen. Er traute ihnen die Heilung nicht nur zu , er ermutigte sie auch, daran mitzuwirken.
Lassen wir uns diese Zumutung gefallen?
Wagen wir uns Heil anzunehmen, aufzustehen und weiter zu gehen und somit Heil in heillose Zustände zu bringen?
Mit seinem Leben hat Jesus uns eine Spur vorgezeichnet, der wir folgen können.
Amen

Kyrie-Bitte

Sei für mich Salz
lass den bitteren Geschmack auf meiner Zunge
damit ich schmecke

Sei für mich Licht
lass die Strahlen dringen in die Dunkelheit
damit ich sehe

Sei du die Stadt
lass mich Zuflucht finden mitten in der Wüste
damit ich lebe *

* Dieser Text wurde bei der Tagung TAKT (TextAutorn und KomponistenTagung) 1998 u. a. von der Autorin, Michael Penkun, Hartmut Reußwig, Klaus Schöbel, Rolf Schweizer, Ursula Vogt vertont.

8. Kurzschlusshandlungen

Predigt über Lukas 6, 36-43

4. Sonntag nach Trinitatis, 13. Juli 2003

Liebe Gemeinde,

was täten Sie am liebsten, wenn Ihnen jemand eine runterhaut, sei es mit oder ohne Grund? Wenn wir ganz ehrlich sind, würden wir doch zurückschlagen, dass es nur so knallt.

Solche Reaktionen sind Kurzschlusshandlungen, und es ist nicht von ungefähr, dass die Sprache sie so nennt. Wenn etwas zu kurz ist, muss es doch auch etwas geben, was länger ist.

Nur stecken wir in den seltensten Fällen Ohrfeigen ein, aber, dass mir jemand den Arbeitplatz nicht gönnt und wegnimmt, dass jemand mich bloßstellt, so dass die anderen über mich lachen, dass falsche Dinge über mich im Umlauf gebracht werden – das sind die Ohrfeigen der Erwachsenen.

Was ist denn die Folge, wenn wir auf das Böse, was man uns antut, so böse reagieren?

Wahrscheinlich wird der, der uns geschlagen hat und von uns wieder geschlagen wurde, den Drang haben, uns noch einmal zu schlagen, und eine blühende Schlägerei kommt in Gang. Wir nennen das Eskalation.

Die Kunst Jesu aber besteht darin, Eskalationen im Keim zu ersticken. Er bietet uns eine bessere Reaktionsweise an.

Jesus zählt mehrere Ebenen auf, in denen es darum geht, solche Eskalationen zu vermeiden.

Zuerst berührt er die gefühlsmäßige Ebene: „Seid barmherzig, wie euer Vater barmherzig ist.“ Vom deutschen Sprachempfinden her hat Barmherzigkeit mit unserm Schoß (Barm) und dem Herzen zu tun, ist also dort verankert, wo das Leben entsteht. In der Muttersprache Jesu bedeutet das Wort „barmherzig sein“ (racham): „weich sein“. Ein Mensch, der sich verhärtet, ist nicht barmherzig.

Wir tun unserm Herzen keinen Gefallen, indem wir uns verhärten. Solche Verhärtungen machen in der Regel krank. Kein Wunder, dass Herzkrankheiten in einer Gesellschaft weiterhin zunehmen, die auf Barmherzigkeit verzichtet und stattdessen auf Härte setzt.

Ich rufe bloß ins Gedächtnis, dass wir als eines der reichsten Länder der Erde dabei sind, die Sozialgesetze abzubauen.

Nach dieser gefühlsmäßigen Ebene spricht Jesus unseren Verstand an: „Richtet nicht, so werdet ihr auch nicht gerichtet“. Und er verstärkt dies „macht niemanden runter, so werdet ihr auch nicht runter gemacht“. (Das umgangssprachliche „runter machen“ kommt m. E. dem griechischen „katadikein“ am nächsten.) Mir kommt dabei Bonhoeffers Regel für das Zusammenleben im Finkenwalder Predigerseminar in den Sinn. Es galt, über Abwesende nicht zu reden. Kennen Sie nicht auch genug Beispiele von Menschen, die sich auf Kosten anderer profilieren? Andere werden runter gemacht, um selbst besser dazustehen. Das nennt man negative Selbsterhöhung. Auch ich merke oft genug, wie schwer es ist, über andere nichts Negatives zu sagen.

Manchmal ist es schier unmöglich, dem anderen zu vergeben, weil die Verletzungen zu tief sind und wir auch nicht begreifen können, wieso der andere so handelt.

Es gibt in der modernen Psychotherapie eine Heilmethode, die man als das Familienstellen bezeichnet. Sie besteht darin, dass der Leidende stellvertretend eine Reihe von Personen - je nach der Beziehung zu ihm und untereinander - um sich aufstellt. Es geht darum, die Gefühle, die dabei aufkommen, auszusprechen und auszuhalten.

Vielleicht ist deshalb die Therapie des Familienstellens so beliebt und wirksam. Der Hintergrund ist ja, dass wir Menschen an zerstörten Beziehungen leiden. Gerade dann, wenn wir nicht vergeben können, weil das, was uns angetan wurde, einfach zu schwer ist, leiden wir am meisten. Die Heilung kann in dem Moment, wo ich verzeihen kann, wo ich die Daseinsberechtigung des anderen in seiner Art zu leben anerkenne. Und weil das manchmal in der Wirklichkeit nicht geht, hilft es auch, dass ich es exemplarisch mit einem anderen, der sich stellvertretend in die Rolle begibt, praktiziere. Damit löst sich der Hass auf. Die Bitterkeit verschwindet. Das Leben fließt weiter.

Jesus rät uns als drittes für unser praktisches Zusammenleben:

„Vergebt, so wird euch vergeben, gebt, so wird euch gegeben."

Was uns damit zugemutet wird, war damals nicht neu.

Epiktet, ein griechischer Philosoph, der auch im 1. Jahrhundert lebte, erklärte, dass wir ernten, was wir säen und uns das Schicksal immer irgendwie zwingt, für unsere Missetaten zu bezahlen. Mit dem *„guten, vollgedrückt, gerüttelt und überfließenden Maß", dass in euren Schoß gegeben wird,* zitiert auch Jesus ein damals gängiges Sprichwort.

Aber stimmt das? *„Vergebt, so wird euch vergeben, gebt, so wird euch gegeben ... und mit welchem Maß ihr messt, wird man euch wieder messen"?*

Als ich das anderen vorlas, kam Zustimmung. Jeden Satz könne man unterschreiben, doch es kam auch der Einwand, damit lebt es sich schwer.

Wenn wir diese Sätze als moralische Forderung an uns verstehen, so haben wir sie gründlich missverstanden.

Was Jesus hier sagt, ist gewissermaßen eine verschlüsselte Sprache. Die Juden scheuten sich, den heiligen Namen Gottes auszusprechen. Wenn Jesus sagt, *„gebt, so wird euch gegeben"*, meint er: *„gebt, so wird **Gott** euch geben", „richtet nicht, so wird **Gott** euch auch nicht richten"*. Jesus traut Gott zu, dass er uns in reichem Maße Gutes tut, wenn wir unseren Mitmenschen Gutes erweisen.

Halte ich inne und lasse die Worte in mir wirken, dann entdecke ich, dass auch mir dies randvoll gefüllte Maß des Guten zuteil wurde und wird. Da kann ich z.B. bei einem Unfall erfahren, wie viel mir geholfen wird von Menschen, die mir fremd waren und von denen ich das gar nicht erwartet hatte.

Im weiteren Verlauf seiner Rede erzählt Jesus das berühmte Gleichnis vom Splitter im Auge.

Wer immer nur die Fehler bei anderen sucht, sieht nicht den Balken im eigenen Auge. Das Problem ist doch, die eigenen Fehler einzugestehen. Wer das gelernt hat, lebt leichter und schafft um sich ein Klima des Verstehens. Das ist aber schwer in einer Gesellschaft, die nur auf Leistung zielt.

Der Volksmund sagt, das Leben ist eines der Schwersten. Ich denke, Jesus hilft uns sehr, dass dieses Leben leichter wird und besser gelingt.

Amen.

Liedvorschlag: EG 82

9. Wir haben die Wahl

Predigt zu Römer 6,19-23

8. Sonntag nach Trinitatis, 21. Juli 2002

Liebe Gemeinde,
wo müsste heute jemand ansetzen, wenn er den Menschen etwas von der christlichen Botschaft mitteilen wollte? Wie könnte er sie begeistern?

Vielleicht sollten wir beim allgemeinen Sinnverlust beginnen, bei dem alles in die Beliebigkeit des einzelnen gestellt wird und dann der Einzelne allzu oft das Gefühl hat, „Es hat ja keinen Zweck sich für irgendetwas einzusetzen", „Ich kann nichts machen", „Es geht auch ohne mich", „Glück hat, wer nicht unter die Räder kommt"...

Den Predigttext lese ich als ein Ringen um Fragen des Lebens.
Der Apostel Paulus will die Gemeinde in Rom für seine Überzeugung gewinnen. Er versucht ihnen klar zu machen, dass sie von sich aus überhaupt keine Chance haben, vor Gott zu bestehen. Alle miteinander sind wir Menschen auf Gnade angewiesen. Aus ihr leben wir.
Im sechsten Kapitel seines Briefes an die Gemeinde in Rom setzt er sich damit auseinander:

19. Ich muss nach menschlicher Weise davon reden wegen eurer Anfälligkeit dem Bösen gegenüber. Wie ihr euch hingegeben hattet dem Dienst der Unreinheit zu immer neuem Unrecht, so gebt euch nun hin zum Tun, was recht ist, damit ihr heilig werdet.

20. Denn als ihr Sklaven der Sünde ward, lebtet ihr unabhängig von Recht und Gerechtigkeit.
21. Welchen Gewinn hattet ihr damals davon? Solchen, dessen ihr euch jetzt schämt. Denn das Ende dessen ist der Tod.
22. Jetzt aber, wo ihr von der Sünde frei und Gottes Sklaven geworden seid, habt ihr den Gewinn, dass ihr heilig werdet, denn das Ziel ist das ewige Leben.
23. Doch der Sünde Lohn ist der Tod; aber die Gabe Gottes ist das ewige Leben in Jesus Christus, unserem Herrn.

Paulus meint Klartext zu reden, wenn er betont, dass dies nach „menschlicher Weise" geschieht. Das ist also die Zusammenfassung, die wir alle mühelos verstehen sollten. Als ich diesen Text das erste Mal las, sagte ich „uff" und dabei stieg in mir ein Unbehagen auf. Der Text macht es uns nicht bequem. Er ist schon schwer nachzubuchstabieren, zumal wir in einer Welt leben, wo immer alles glatt und schnell gehen soll. Wer hört schon gern etwas von Sünde? Von den Sünden anderer spricht man schon gern, aber doch nicht von den eigenen. Zu oft ist das Wort benutzt worden, um Menschen klein zu halten, und noch öfter unter der Gürtellinie missbraucht.

Dabei geht es um eine Daseinsbeschreibung: Sünde ist dort, wo sich ein Mensch vom Ursprung seines Lebens trennt. Banal gesagt, er befindet sich auf dem „Egotrip". Die Folge benennt der Apostel Paulus klar: Unrecht. „Dienst der Unreinheit zu immer neuem Unrecht".

Wir sind als Gesellschaft in den folgenden Jahrhunderten da kaum weiter gekommen. Mir geht ein Spiegelartikel über das Verhalten der Politiker nach. Man sucht einen Posten, um sein Ich aufzubauen. Da sind alle Mittel recht. Hauptsache, man kommt in die Schlagzeilen. Inhalte verschwimmen dahinter. Es zählt die Macht. Stimmenfang für die Wahl. Gemessen an der hohen Verantwortung, die Politiker haben, ist das Sünde. Diese Haltung bleibt nicht nur auf Politiker beschränkt. Da verabschiedet eine Frau ihren Mann, der zur Tagung fährt. „Was immer geschieht, sei bedeutend". Muss ich wirklich erst bedeutend werden? Bin ich es nicht schon längst, indem ich da bin?

Es geht nicht um den Aufbau der Fassade.

Um vor den anderen als bedeutend angesehen zu werden, können sich Menschen anstrengen und anstrengen, aber am Ende steht doch der Tod als die einzige Gerechtigkeit, die gilt, wie mein Friedhofsgärtner immer zu sagen pflegte.

Alle Anstrengungen des Menschen, sich selbst aufzubauen, zerplatzen. Dieser auf das Versagen des Menschen programmierten Lebensweise stellt Paulus ein total anderes Lebensmotiv entgegen:

Wir sind von Gott gewollt und geliebt. Aus dieser Gnade dürfen wir leben. Paulus sagt das kurz und bündig: „Ihr habt den Gewinn, dass ihr heilig werdet."

Kein Mensch ist heilig, weil er so und soviel Gutes tut, sondern weil er von Gott geliebt wird.

Und was ist mit Gottes Liebe?

Ist nicht auch jeder Windhauch, der dein Gesicht berührt und dir den Rücken stärkt, jeder Sonnenstrahl, der durch das Fenster blitzt und die Welt zum Leuchten bringt, jeder Regentropfen, der die Erde netzt, auch eine liebende Umarmung Gottes? Ich darf sie aufnehmen und weitergeben.

Jesus lebte uns das vor. Er wusste, wie schnell wir als einzelne in die Irre gehen, wenn wir meinen, wir müssen alles selbst verantworten. Dann sind wir wie der verlorene Sohn, der sich sein Erbe schon vorzeitig auszahlen ließ, um sein Leben so zu gestalten, wie er es wollte. Er kam dabei ab vom Ziel, denn er ging nicht achtsam mit seinem Erbe um. Er verkam.

In der Geschichte vom verlorenen Sohn bleiben die liebevollen Arme des Vaters ausgebreitet. Deshalb kann der Sohn zurückkehren. Er kann sich von dieser Liebe wieder berühren lassen und zu neuem Leben erwachen.
Denn wer sich von der Liebe Gottes berühren lässt, wird nicht gleichgültig bleiben, sondern empfindsam werden, wenn Leben neben uns rücksichtslos zerstört wird.

Heutzutage kann das heißen: dass ich beginne zu fragen, was die
Bank mit dem Geld macht, das da gespart wird, dass ich weiter frage, unter welchen Bedingungen die Sachen und Lebensmittel hergestellt werden, die wir billig konsumieren sollen, dass ich frage, wie der Strom produziert wird, den ich aus der Steckdose beziehe ...

Lassen wir uns doch ermutigen, gegen den Tod aufzustehen, damit wir uns nicht unserer Taten schämen müssen, wie Paulus sagt, und die Erde für unsere Kinder und Enkel schön und bewohnbar bleibt.
Müssen wir uns nicht jede Minute entscheiden, wovon wir uns bestimmen lassen – von Gott oder von den Mächten, die diese Erde zerstören?
Laufend treffen wir Entscheidungen. Meist unbewusst.

Neu vom Leben berührt, werden Christen dadurch keine bequemen Zeitgenossen, aber sie werden das ewige Leben erben, weil sie sich nicht in den Dienst des Todes und der Zerstörung stellen lassen.

Durch das, was der Apostel Paulus hier schreibt, wurden heute zwei Wegweiser aufgestellt, die für unser Leben die Richtung bestimmen. Der eine zeigt uns ein Leben, das wir ganz allein nach unseren eigenen Wünschen einrichten, das aber am Ende ins Verderben führt, weil wir uns damit von Gott, unserem Ursprung, gelöst haben.
Der andere zeigt uns ein Leben, das wir nach Gottes Wünschen einrichten und das ins ewige Leben führt. Wir haben die Wahl.

Amen.

10. Was stillt den Hunger nach Leben?

Predigt zu Johannes 6, 30-35

7. So. n. Trinitatis, 7. August 2011

Liebe Gemeinde,
es ist die Zeit angebrochen, in der die meisten von uns die schönsten Tage des Jahres genießen – den lang ersehnten Urlaub.
Wer hat sich da nicht schon im Stillen eine Wunschliste ausgedacht?
Ich möchte den Alltag hinter mir lassen.
Ich möchte Abstand gewinnen zu Pflichten und Problemen.
Ich möchte mich der Schönheit der Landschaft öffnen.
Ich möchte einfach wieder auftanken.
Ich möchte meinen Nächsten wieder näher kommen.
Die Liste lässt sich beliebig erweitern.
Noch etwas will ich hinzufügen, und das ich wünsche mir und uns allen:
Ein offenes Ohr für das Wort, worauf es ankommt,
einen neuen Blick für das, was wesentlich ist,
einen neuen Anfang, der im Alltag seine Fortsetzung findet.
Die Insel lädt ein, die Alltagswelt durchsichtig werden zu lassen und zu entgrenzen und hinter die Dinge zu schauen.
Eine neue Begegnung mit Gott.

Wir haben als Evangelium die wunderbare Geschichte gehört, wie ganz viele durch ganz wenig satt wurden durch fünf Brote und zwei Fische.
In diesem 6. Kapitel des Johannesevangeliums heißt es dann - als die Menschen Jesus wieder gefunden hatten:

Da sprachen sie zu ihm: Was tust du für ein Zeichen, damit wir sehen und dir glauben?
Was für ein Werk tust du? Unsere Väter haben in der Wüste das Manna gegessen, wie geschrieben steht: „Er gab ihnen Brot vom Himmel zu essen“.
Da sprach Jesus zu ihnen: Wahrlich, wahrlich, ich sage euch: Nicht Mose hat euch das Brot vom Himmel gegeben, sondern mein Vater gibt euch das wahre Brot vom Himmel. Denn Gottes Brot ist das, was vom Himmel kommt und gibt der Welt das Leben.
Da sprachen sie zu ihm: Herr, gib uns allezeit solches Brot.
Jesus aber sprach zu ihnen: Ich bin das Brot des Lebens. Wer zu mir kommt, den wird nicht hungern, und wer an mich glaubt, den wird nimmermehr dürsten.

Liebe Gemeinde,
ist es nicht so - immer wieder und zu allen Zeiten wollen Menschen ein Zeichen sehen, etwas Außergewöhnliches, das ihnen glaubhaft macht, dieser Jesus ist der Mensch, dem sie vertrauen können, in dem Gott in die Welt kommt und uns aus allem Elend hier herausreißen kann.
Ein Zeichen – so richtig mit Überzeugungskraft soll es sein.
Dass Tausende satt wurden, obwohl kaum etwas da war, was sind schon fünf Brote und zwei Fische – das galt offensichtlich schon nicht mehr. Die Wortführer erinnerten sich an Geschichten früherer Zeiten. Da gab es schon einmal Brot vom Himmel. Manna wuchs in der Wüste als das Volk Israel am Verhungern war auf seinem Weg in das gelobte Land. Mose hatte es ihnen gegeben.
Jesus lässt sich auf diese alte Geschichte nicht festlegen. Er korrigiert vielmehr ihre Sichtweise: Nicht Mose hat euch Brot vom Himmel gegeben,

sondern mein Vater gibt euch das rechte Brot vom Himmel. Er holt sie damit aus der Vergangenheit in die Gegenwart. Gott gab nicht nur, Gott gibt euch das rechte Brot vom Himmel auch heute.

Wer will das nicht haben? Ein Brot, das der Welt Leben gibt. Das wäre es doch unter den Dutzenden von Brotsorten, die heute im Angebot stehen: Ein Brot, das der Welt Leben gibt.

So spricht Jesus den entscheidenden Satz:

Ich bin das Brot des Lebens. Wer zu mir kommt, den wird nicht hungern, und wer an mich glaubt, den wird nimmermehr dürsten.

Das ist das wahre Angebot.

Es geht dabei weder um wundersame Zeichen, noch um wundersame Brote.

Jesus selbst stellt sich in die Mitte und sagt:

Ich bin.

Ich bin das Brot.

Ich bin alles, was du zum Leben brauchst.

Hier wird eine neue Dimension des Seins eröffnet. Praktisch wird über und durch alles, was ist, eine neue Struktur gelegt. Mit seinem Sein verbürgt Jesus dies. Deshalb kam er in die Welt als Gottes Versuch, sie zu sich zu ziehen. Er lebte so für uns, wie Gott es will. Das alles können wir in den Evangelien nachlesen. Jesus traute den Menschen ein glückendes Leben zu und löste sie damit aus krank machenden Mustern. Der Satz galt: Wer zu mir kommt, den wird nicht hungern und wer an mich glaubt, den wird nimmermehr dürsten. Und er gilt noch immer – auch heute für uns.

Wenn ich wirklich zu Jesus komme, dann kann ich meinen Hunger und Durst vergessen, weil ich mit den anderen mein Brot und den Wein teile. Das macht mich satt. Mein Leben wird sinnvoller.

Spüren sie die große Sprengkraft, die in diesen Worten liegt?

Wer sich auf Jesus einlässt, dessen Hunger nach Leben wird gestillt.
Der wahre, der echte Hunger nach Leben wird befriedigt.
Nicht die Gier. Auch nicht das In sich Reinfressen und Maßlos-Sein.
Der Schriftsteller Hanns Cibulka hat dies schon vor 20 Jahren in einem Lagebericht in einem seiner Ostseetagebücher, Swantow, beschrieben und verdichtet:

Wir,
die Unzufriedenen,
die im Überfluss leben,
wir,
die auf Wert und Gegenwert aus sind,
wir,
die alles besitzen,
von dem unsere Väter nur geträumt,
plötzlich stehen wir da,
mit zu wenig Dasein
in der Hand …

Genau dieses „zu wenig Dasein" wird von Jesus angesprochen.
Brot ist etwas, das wir teilen. Wie viele Menschen haben mitgewirkt, damit ein Brot auf unseren Tisch kommen kann. Der Bauer, die Müllerin, der Bäcker, die Verkäuferin. Müller und Bäcker sind schon fast antiquierte Berufsbezeichnungen geworden.
Wir sprechen heute von Nahrungsmittelindustrie und wissen, dass sie auch von „lebenschädlichen" Motiven durchsetzt ist, wenn die Überlegung Vorrang bekommt, wie kann ich mit billigsten Stoffen den größten Profit erwirtschaften. Und ich frage mich weiter, sind Brot und Fisch noch

wirkliche Lebensmittel, z.B. wenn letztere vor Japan gefangen werden? Fukushima hat die Weltmeere auf Jahrtausende vergiftet durch die katastrophale Freisetzung von Radioaktivität. Damit müssen wir nun leben. Aber bei der ganzen Ausstiegsdebatte aus der Atomkraft habe ich die Reue vermisst, die Buße und damit die Bereitschaft, den verkehrten Lebensstil zu ändern.

„Der Mensch
im Strahlengeviert:
Im Abwasser
staut sich
die Schuld“

So benennt es der Dichter Cibulka.
Brauchen wir wirklich so viel wie wir heute verbrauchen und dies mit immer mehr Steigerung?
Es ist doch alles da, um glücklich auf Erden zu sein. „Wir haben Bäume und Regen, Hoffnung und Träume ... Tiere und alle Farben, ferne Länder und Fahrräder, wir haben Sonne und Schatten – wir sind reich“ Und Hundertwasser brachte es dann weiter auf den Punkt, wenn er mahnte: „Es wäre verantwortungslos, nicht zur Kenntnis zu nehmen, dass Techniker, Wissenschaftler und Experten uns in eine Welt voller gigantischer Probleme führen, die sie selbst nicht mehr verstehen und auch nicht meistern können. Wir geraten in Abhängigkeiten von lebensgefährlichen, von Menschen erzeugten Übeln, die sich unserem Verständnis entziehen.“
Brauchen wir wirklich eine Nachtbeleuchtung, so dass man das Leuchten der Sterne schon gar nicht mehr wahrnehmen kann? Lichtverschmutzung sagt man da.

Stillt so viel Licht den Hunger nach Leben?
Nein, die Gier nach selbst gemachten Leben stillt Jesus nicht, wenn er sagt: Ich bin das Brot des Lebens. Er ruft uns in den Raum der Liebe - schon heute. Sein Wesen durchwirkt alles und so können wir uns in seinen Machtbereich stellen in dieser Welt und für diese Welt.
Wer sich darauf einlässt, dessen Hunger nach Leben wird gestillt.
Wir sind zu einer Bescheidenheit gerufen, in der Größe steckt.

Die ersten Christen trauten sich dieses Leben zu. Sie taten sich zusammen und teilten alles, was sie hatten. Darin lag große Sprengkraft für die Gesellschaft.
Und immer wieder brachen Menschen auf und schufen Orte, wo miteinander Leben geteilt und Gottes Liebe somit sichtbar gelebt wurde. Ich denke an Franz und Clara von Assisi, die Menschen in Taize und all die vielen Gemeinden in unserer Welt, in denen Christen zusammenkommen, das Brot brechen und damit der Einladung Jesu folgen. Er will uns stärken und traut uns zu, seine Liebe in die Welt zu bringen. Das beginnt bei den Menschen neben uns, den Nächsten …
Ich glaube, wir brauchen den, der vom Himmel kommt, damit er unseren Kreislauf der Unzufriedenheit und Maßlosigkeit durchbricht, damit die Satten die Hungernden sehen und sich vom Hunger nach Leben anstecken lassen.
Amen.

Liedvorschlag EG 420: Brich mit dem Hungrigen dein Brot

11. Heilung durch Liebe

Predigt zu Johannes 9,1-7

8. Sonntag nach Trinitatis, 29. Juli 2007

Liebe Gemeinde,

ich finde das eine spannende Wundergeschichte, die nur der vierte Evangelist Johannes so erzählt, und die uns zwingt, auch nach unserem Verständnis von Krankheit und Leid zu fragen.

Blind sein und nicht sehen können – und das von Geburt an – das ist schlimm. Deshalb hielt sich der Kranke vielleicht auch in der Nähe des Teiches Siloah auf. Viele Kranke warteten und hofften dort auf die heilsame Wirkung der Wassers. Sie waren dabei nicht allein.

Jesus ging vorüber und sah einen Menschen, der blind geboren war. Vielleicht hatte er ihn schon öfters gesehen und war an ihm vorübergegangen. Aber jetzt hielt er inne.

Denn seine Freunde und Freundinnen, die mit ihm zogen, nahmen den Blinden zum Anlass für die Erörterung eines theologischen Problems und fragten: *Meister, wer hat gesündigt, dieser oder seine Eltern, dass er blind geboren ist?*

Vorausgesetzt wird: Leid ist Strafe. Aber wie kann ein blind Geborener gesündigt haben? Pränatal? Oder in einem vorausgegangenem Leben? Trägt er vielleicht auch das Leid seiner Vorfahren ab? Nach dem Motto, die Eltern haben saure Trauben gegessen und den Kindern werden die Zähne stumpf. Hier eben die Augen total blind?

Dass Leid Strafe ist, war und ist ein weit verbreitetes Denken nicht nur im Judentum.

Kommt einem nicht selbst die Frage hoch, wenn man mit einer schweren Krankheit geschlagen ist: Warum? Womit habe ich das verdient? Was habe ich falsch gemacht in meinem Leben? Was ist schief gelaufen?
Ich kenne selbst diese Fragen. Meistens bleiben sie einem im Halse stecken, wenn man betroffen ist. Sie machen einen eher stumm und einsam. Wer hört schon gern das Klagen? Einfacher scheint es, Erklärungen zu finden. Das gelingt bei einem selbst kaum...
Bei anderen geht das besser, zu analysieren wer gesündigt hat, dieser oder die anderen, die Umwelt, oder weiß der Teufel wer.
Schon Hiob litt unter den bohrenden Fragen seiner ach so guten Freunde, die ihn trösten wollten. Irgendwo musste das Übel ja herkommen. Wo war die Schuld?
Die Jünger wollen es wissen. Wer hat gesündigt?

Wie reagiert Jesus auf diese Frage? Er lässt sich auf diese Diskussion gar nicht ein.
Jesus wischt mit seiner Antwort die ganzen gescheiten Spekulationen fort:
Weder dieser hat gesündigt noch seine Eltern.
Das Grübeln, Erörtern und Spekulieren über das, was in der Vergangenheit schief gelaufen ist, bringt nichts. Jesus ändert für die bohrenden Frager die Blickrichtung.

Sie fragen: Warum?
Jesus antwortet: Wozu?
Sie fragen nach der Ursache.
Jesus weist sie auf Zweck und Ziel.
Von der Vergangenheit wird der Blick gelöst und auf die Zukunft gerichtet:
... es sollen die Werke Gottes offenbar werden an ihm.

Wir müssen die Werke dessen vollbringen, der mich gesandt hat solange es Tag ist; es kommt die Nacht, da niemand mehr etwas tun kann. Solange ich in der Welt bin, bin ich das Licht der Welt.

Der Kranke bekommt hier eine Chance. Jesus eröffnet ihm eine Perspektive, denn sein Leben ist überhaupt nicht sinnlos, wenn an ihm die Werke Gottes sichtbar werden sollen.

Das empfinde ich als etwas ganz Kostbares und Großartiges. Und nicht die Werke irgendeines Gottes, sondern des Gottes, *der mich gesandt hat,* setzt Jesus hinzu.

Für den Leidenden bringt Jesus damit Heilung. Du bist nicht krank, weil das und das in deinem Leben nicht funktioniert hat, sondern mit dir soll Neues geschehen.

Jesus bleibt aber mit seiner Zuwendung nicht bei dem Kranken allein. Er bezieht die Hörer mit ein, wenn er fortfährt: *Wir müssen die Werke dessen wirken, der mich gesandt hat, solange es Tag ist.* Damit ruft er auf, nicht im Leid stecken zu bleiben, sondern zu helfen und heilen, wo wir können.

Denn was sind denn die Werke Gottes hier?

Jesus heilt. *Er spuckte auf die Erde und machte daraus einen Brei und strich den Brei auf die Augen des Blinden.* Meine Mutter meinte immer, Spucke sei das beste Allheilmittel. Sie enthält ja wirklich Fermente, die Schädliches beseitigen.

Und er schickt den so behandelten zum Teich Siloah – das heißt übersetzt: gesandt – zum Waschen. Der Kranke muss auch etwas für seine Heilung tun.

Er wird im Grunde gesandt in ein neues Leben. Er taucht unter und wäscht sich rein. So nimmt er die Heilung an.

Da ging er hin und wusch sich und kam sehend wieder.

Jesus sah Krankheit und Leid als Mangel, als Defizit an Gottes Werk. Hätte er sonst den Blindgeborenen heilen können, wenn er geglaubt hätte, dass diese Blindheit von Gott gewollt sei? Der, den Jesus gesandt hat, ist ein Gott der Leben will und das aus Liebe wirkt. Jesus verkündigte keinen sadistischen Gott, der Gefallen hat am Menschenquälen.

Jesus ließ sich von seinem Herzen leiten.

Jesus behauptete nicht, dass die Krankheit von Gott kommt, noch machte er den eventuell verkehrten Lebensstil dafür verantwortlich...

Er argumentierte auch nicht. Mit der Vernunft und dem Verstand lässt sich das Leiden an der Krankheit letztlich nicht erklären. Seine Kraft zur Heilung kommt aus der Liebe. Denn dadurch wird er zum *Licht der Welt.*

Das muss man sich das auf der Zunge zergehen lassen. Manchmal verstehe auch ich das nicht. Es ist auch nicht über den Verstand zu erfassen. „Man sieht nur mit dem Herzen gut“ (A. de Saint-Exupery).

Sinn hat Krankheit nur, wenn Gottes Werke, die Werke der Liebe offenbar werden.

Das heißt, dass wir mitleiden und helfen und heilen, wo wir es können.

Diese Kraft Jesu steckt auch in uns. Sie wahrzunehmen, heißt sehend werden.

Mir hat einmal geholfen, dass mir ein Arzt, als ich selbst sehr in der Finsternis saß, einen Zettel zusteckte. Darauf stand:

„Ich glaube, dass Krankheiten Schlüssel sind, die uns gewisse Tore öffnen können. Ich glaube, es gibt Tore, die einzig die Krankheit öffnen kann. Es gibt jedenfalls einen Gesundheitszustand, der uns nicht erlaubt, alles zu verstehen. Vielleicht verschließt uns die Krankheit einige Wahrheiten; ebenso verschließt uns die Gesundheit andere, oder führt uns davon weg, so dass wir uns nicht mehr darum kümmern.“ (Andre Gide)

Genau darauf zielt ja die sich anschließende Diskussion. Dass die sogenannten Sehenden im Grunde oft die Blinden sind. Denn sie tun die Werke der Liebe nicht. Sie erkennen Jesus nicht als das Licht der Welt.

Wenn der Blick in die Zukunft geht, wenn an uns die Werke Gottes offenbar werden sollen, dann heißt das auch: Ich bin so wie ich bin vor Gott noch nicht fertig.
Das kann ich annehmen. Wenn Gott so auf mich zukommt, dann kann ich auch aufstehen und gehen.
Wir würden heute sagen, dann vertraut der Mensch auf seine Selbstheilungskräfte.

Wer sich verschließt, dem kann schlecht geholfen werden.
Wer sich verschließt, sieht auch nicht, wo er helfen und heilen kann.

In dieser Welt gehen wir auf Gott zu, sie ist nicht Endstation, nicht festgefahren.
Wir gehen hindurch als hörende und sehende Menschen und brauchen einander, um die Werke Gottes, die Werke der Liebe in der Welt lebendig werden zu lassen. Alles, was noch im Werden ist, kann heil werden. Auch ich – auch Du. Letztlich geschieht es im Miteinander im Licht und in der Liebe Jesu, die uns das zutraut.
Darum können wir immer wieder um den Aufbruch aus all unseren Verhärtungen bitten:

Das folgende Lied fasst dies zusammen:

Lösung

Lös das Salz in mir
dass ich nicht versteinert werde

Lös das Salz in mir
dass ich über Unrecht weine

Lös das Salz in mir
dass ich spüre seine Kraft
Salz zu werden für die Erde *

Amen.

* Diese Text wurde bei der Tagung TAKT (TextAutorn und KomponistenTagungen) 1998 u.a. von Ernst Arfken, Michael Penkun, Hartmut Reußwig, Klaus Schöbel, Rolf Schweizer vertont.

12. Wer fragt noch nach ewigem Leben

Apokalypse 21, 1-7

Predigt zum Ewigkeitssonntag, 21. November 2010

Liebe Gemeinde,
kennen Sie solche Situationen auch, in denen es einem richtig schlecht geht und man nicht mehr weiter weiß und nur noch ins Elend schaut - meist Menschen gemachtes - oder sich vom Unglück verfolgt fühlt und fragt, was wird, wenn die Welt zu Grunde geht, wenn alles vergeht, wenn ich nicht mehr bin?
Wohl dem, der noch so fragt und für den dann der Himmel wenigstens ein Stück aufreißt und den Horizont weitet.
Der Seher Johannes auf Patmos schaute über diesen Horizont hinaus. Die Christenverfolgung unter Kaiser Domitian hatte ihn auf diese Insel verbannt. Die Christen wurden beiseite gebracht, weil sie die herrschende Gesellschaft, die ihren Reichtum für immer wenigere mit Gewalt zu halten suchte, störten. Die Ablehnung des Kaiserkultes bedeutete ja zugleich die Ablehnung der ungerechten Machtstrukturen.
Sie glaubten gegen allen Augenschein der Liebe Jesu, die mit dem Tod bezahlt wurde.

Wenn ich mich heute in der Welt umschaue, dann scheint es manchmal so als wäre Gott fort gegangen und hätte die Welt sich selbst überlassen. Die Ungerechtigkeit wächst weiter, der Reichtum der Erde konzentriert sich auch heute in immer weniger Händen, die dann noch dafür sorgen, dass die ohnehin bedrohte Schöpfung verdorben wird.

Menschen, die der Armut entfliehen wollen, verenden massenhaft an den Grenzen Europas.
Bei uns wird die Laufzeit der Atomkraftwerke verlängert, obwohl die Mehrheit der Bevölkerung das nicht befürwortet. Ich will nicht, dass durch meine Lebensweise die Welt geschädigt, verstrahlt und zerstört wird durch Atommüll, mit dem wir nicht wissen wohin, der bis zu Millionen Jahren weiter strahlt und das Leben auf diesem Planeten bedroht und eventuell vernichten wird. Ein Tschernobyl ist schon zu viel! Die Wissenschaft weiß längst, dass es für die Endlagerung des Atommülls keinen sicheren Platz geben kann. Man kann ihn nur verstecken.
Wollen wir wirklich die Welt bewusst unserem Wohlstand „opfern"? Denken wir nicht mehr über das Heute hinaus?
Es ist sehr modern, im Jetzt zu leben und ganz gegenwärtig zu sein. Und doch säen wir in der Gegenwart die Zukunft.

Diese Vision des Johannes trifft den Menschen sicher nicht in einer satten und abgesicherten Situation, sondern in der Bedrängnis, in einer Welt des Schmerzes und des Sterbens, einer tränenreichen Welt voller Geschrei:

1. Und ich sah
einen neuen Himmel und eine neue Erde,
denn der erste Himmel und die erste Erde sind vergangen,
und das Meer ist nicht mehr.
2. Und ich sah
die heilige Stadt, das neue Jerusalem,
von Gott aus dem Himmel herab kommen,
bereitet wie eine geschmückte Braut für ihren Mann.
3. Und ich hörte

eine große Stimme vom Thron her,

die sprach:

Siehe da, die Hütte Gottes bei den Menschen!

Und er wird bei ihnen wohnen

und sie werden sein Volk sein,

und er selbst, Gott mit ihnen, wird ihr Gott sein;

4. und Gott wird abwischen alle Tränen von ihren Augen,

und der Tod wird nicht mehr sein,

noch Leid, noch Geschrei noch Schmerz wird sein;

denn das Erste ist vergangen.

5. Und der auf dem Thron saß, sprach:

Siehe, ich mache alles neu!

Und er spricht:

Schreibe, denn diese Worte sind wahrhaftig und gewiss!

6. Und er sprach zu mir:

Es ist geschehen.

Ich bin das A und das O,

der Anfang und das Ende.

Ich will dem Durstigen freigiebig

von der Quelle des lebendigen Wassers schenken.

7. Wer überwindet, der wird alles ererben,

und ich werde sein Gott sein, und er wird mein Kind sein.

Diese Worte berühren mich heute und hier.

Ein neuer Himmel und eine neue Erde. Das wär's. Und alle Angst und Wut und Schmerz, alle Bosheit, Missgunst und Ungerechtigkeit versinkt in Meeres Tiefe.

Kein Tod, noch Leid, noch Geschrei, noch Schmerz wird sein.

Das hat viele Menschen schon getröstet.
Eine große Hoffnung wird geweckt. Was Johannes schaut, ist unendlich mehr als alles, was wir auf der Welt erleben und übersteigt letztlich auch unser Fassungsvermögen. Die Vision ist wie das Licht in der Ferne, das man immer sucht und das einen weiter gehen lässt.
Nicht nur die Erde wird sich wandeln, sagt Johannes, auch der Himmel, also das absolut Umfassende, die sichtbare und unsichtbare Welt.
Himmel (uranos) meint im Griechischen zugleich das Urprinzip allen Lebens.

So ist das letzte Ziel im Bild der heiligen Stadt beschrieben, in der die Menschen liebevoll zusammen wohnen: Das Bild der Stadt umschließt die zum Mensch gehörende Kultur mit all ihrer Schönheit, die wie eine Braut für die Hochzeit geschmückt ist. Zugleich ist dies ein uraltes mythisches Bild, das die Vermähung von Gott und Mensch darstellt.
Auf dieser neuen Erde ist Gott da. Er wohnt bei den Menschen in einer Hütte und nicht in einem Palast – beständig und verlässlich.
Gott kommt zu den Menschen wie der Geliebte zu seiner Braut, denn dieses Zusammenschmelzen von Gott und Mensch schließt auch die Verwandlung des Menschen mit in sich ein.

Die größte Vision taugt nichts, wenn sie nicht unsere Gegenwart berührt.
Spüren Menschen nicht auch schon heute ein Stück vom Neuwerden von Himmel und Erde? Beispielsweise nach einer schweren lebensbedrohenden Krankheit. Auf einmal merke ich, wie kostbar Lebenszeit ist. Das Leben ist ein kostbares Geschenk. Ich möchte auch zu denen gehören, die überwinden.

Unser Leben geht eben nicht in den Tod über – Gott nimmt es auf und kommt auf uns zu.
Die Toten sind dann nicht weg, sondern uns voraus: Sie sind unsere Vorfahren!
Wir sind auf der Erde, um die Liebe Gottes für die Welt weiter zu tragen.
Ich will mich dann nicht mehr missbrauchen lassen von Leben zerstörenden Mechanismen, die uns auf Konsumwesen reduzieren, damit immer mehr dieses eine Fünftel der Menschheit seinen Reichtum auf Kosten der Erde begründen kann.
Jesus Christus hat uns als Erben in einer noch unerlösten Welt berufen.
Doch schon in dieser Welt ist Christus für uns sichtbar in den Hungernden, den Dürstenden, den Ausländern, den Nackten und den Gefangenen
(Mt 25, 31-46 Evangelium dieses Sonntags).
Ich möchte noch hinzufügen, auch in den Trauernden. Wo wir ihnen beistehen und das Menschen gemachte Leid in den Ursachen bekämpfen, da sind wir ganz in der Gemeinschaft Christi.
Die Kraft dazu bekommen wir aus dieser Vision. Da will Freude aufbrechen, eine Freude, die tiefer ist als die Verheißung einer Spaßindustrie uns geben kann, eine Freude, die dem Leiden standhält und sich querstellt, wo Unrecht geschieht, eine Freude, die dem Kommen Gottes glaubt.

Amen.

Lied EG 398: In dir ist Freude
Lied EG 420: Brich mit dem Hungrigen dein Brot

13. Der Himmel ist blau

Predigt zu Apostelgeschichte 2,1-11

Pfingsten, 1984

Liebe Gemeinde,

als der Pfingsttag gekommen war, befanden sich alle am gleichen Ort. Sie freuten sich, beieinander zu sein. Die Sonne lachte und der Himmel war blau. Es regte sich kein Lüftchen.

So kam es, dass sie friedlich unter sich blieben. Es störte sie keiner – wer sollte sie auch schon stören? Sie frischten Erinnerungen an Jesus auf: erzählten sich dies und jenes – das konnten sie in ihrer eigenen Sprache. Die Fenster öffneten sie nur gelegentlich, um ein wenig zu lüften.

In den Straßen um ihr Haus herum tummelten sich an diesem Tag Leute aus aller Herren Länder: Parther, Meder, Elamiter, Kappadozier – wie gesagt: aus aller Herren Länder.

Sie unterhielten sich über vieles, manches auch über Jesus und seine Anhänger: „Man hört gar nichts mehr von der Sache. Sie scheint sich erledigt zu haben!" Dann wechselten sie das Thema und sprachen wieder über die Schriftauslegung von Rabbi Benjamin am Morgen in der Synagoge. Sie gingen weiter, ohne etwas erlebt zu haben – der Pfingsttag ein Tag wie jeder andere mit gutem Essen, sauber gemachten Häusern und vielen Besuchern.

In der kleinen Gruppe aber hielt Petrus eine Rede: „Liebe Freunde in der Erinnerung an Jesus! In der Zwischenzeit haben wir uns daran gewöhnt, dass unser Freund Jesus nicht mehr bei uns ist. Von den Juden haben wir nichts mehr zu befürchten, denn langsam haben sie sich beruhigt. Warum

sollten wir von der Sache wieder anfangen? Wir haben unsere Ruhe. Das ist gut so und das soll so bleiben! Dann und wann wollen wir uns treffen, um das Andenken an ihn in Ehren zu halten. Im Übrigen soll alles so bleiben, wie es ist. Das ist für die Beteiligten das Angenehmste. Fremde können in unserer Gruppe nur stören.", soweit Petrus.
Die Jünger trafen sich noch öfter, bald fingen sie an, sich zu langweilen – ihre Probleme ersäuften sie im Alkohol und die Mittelmäßigkeit erlebte Höhepunkte.
Mit den Jahren starben sie. So ging die Sache Jesu zu Ende. Man redete nicht mehr viel darüber, denn Belanglosigkeiten haben das gleiche Schicksal wie Eintagsfliegen, so wie der Tratsch im Dorf über einen immer erlischt, wenn es etwas Neues gibt.

Soweit eine moderne Version der Pfingstgeschichte.

Auch ich fragte in den letzten Tagen Bekannte: „Warum feiern wir Pfingsten?" und erntete Achselzucken. Eine Frau aus dem Dorf antwortete: „Ist er da nicht auferstanden, dieser Jesus?".

Nein, die Auferstehung Jesu feiern wir zu Ostern. Dennoch war ich glücklich über diese Antwort, denn diese Frau hatte erkannt, dass die Auferstehung Jesu das Allerwichtigste für unseren Glauben bedeutet.
Die Jünger hatten doch alle Angst nach der Kreuzigung. Wohl hatten ihnen Frauen erzählt, dass er auferstanden ist, lebt und zur Rechten Gottes sitzt. Also ganz unabhängig von all unseren Raum- und Zeitvorstellungen für uns da ist.
Aber ob sie das begriffen haben?

Pfingsten feiern wir den Geburtstag der Kirche. Gottes Geist war ihnen verheißen worden, dass da einer da sein wird, der sie tröstet, ihnen Mut macht, damit sie glauben können: Jesus sitzt zur Rechten Gottes. Und in der Bibel, der Apostelgeschichte, Kapitel 2, Vers 1-11, steht die Pfingstgeschichte so:

Und als der Pfingsttag gekommen war, waren sie alle an einem Ort beieinander. Und es geschah plötzlich ein Brausen vom Himmel wie von einem gewaltigen Wind und erfüllte das ganze Haus, in dem sie saßen.
Und es erschienen ihnen Zungen zerteilt, wie vom Feuer; und sie setzten sich auf einen jeden von ihnen, und sie wurden alle erfüllt von dem heiligen Geist und fingen an, zu predigen in anderen Sprachen, wie der Geist ihnen gab auszusprechen.
Es waren aber in Jerusalem Juden, die waren gottesfürchtige Männer aus allen Völkern unter dem Himmel.
Als nun dieses Brausen geschah, kam die Menge zusammen und wurde bestürzt; denn ein jeder hörte sie in seiner eigenen Sprache reden.
Sie entsetzten sich aber, verwunderten sich und sprachen: Siehe, sind nicht diese alle, die da reden, aus Galiläa?
Wie hören wir denn jeder seine eigene Muttersprache?
Pather und Meder und Elamiter und die wir wohnen in Mesopothamien und Judäa, Kappadozien, Pontus und der Provinz Asien, Phrygien und Pamphylien, Ägypten und der Gegend von Kyrene und Lybien und Einwanderer aus Rom, Juden und Judengenossen, Kreter und Araber: Wir hören sie in unsern Sprachen von den großen Taten Gottes reden.

Liebe Gemeinde,
ich finde das Geistvolle an dieser Geschichte, dass Menschen, die verschiedene Sprachen sprechen, sich auf einmal verstehen, aufeinander hören können und begreifen, was Gott ihnen sagt. Nämlich: Lebt friedlich miteinander, ihr braucht keine Angst voreinander zu haben. Auch über Grenzen hinaus nicht!
Und ich denke, wie schön wäre es, wenn ich nach Polen fahren und mit meinen Freunden dort reden könnte. (Zum Verständnis – wenige Wochen zuvor war auch Polen nicht mehr ohne spezielles Visum für eine Reise offen). Oder mit meinen Geschwistern, die in Holland und New York leben. Wie schön wäre es, wenn ich ihnen sagen könnte: Es ist geistlos, dass ihr und wir Raketen stationieren. Sie machen uns doch alle kaputt. Ich will das nicht und ihr wollt das auch nicht, dass wir uns gegenseitig umbringen.

Vielleicht merken sie, dass wir heute, obwohl wir alle in der Schule Russisch und Englisch lernen, uns auf dieser Welt nicht verstehen. Wir sind weit davon entfernt, die Idee des „Frieden auf Erden", wie es in der Weihnachtsgeschichte heißt, zu verwirklichen.
Ich brauche da nicht in die Weltpolitik zu schauen. Unfriede fängt im Kleinen an: Menschen haben verschiedene Ansichten und reden nicht mehr mit einander, Eltern sind unfähig, ihre Kinder liebevoll zu erziehen; denn beide müssen sie Arbeiten, um den Lebensstandard der Nachbarn zu halten – oder sie schaffen es nicht, all die Probleme, die sie auf der Arbeit haben, zu lösen und das Überlastet-Sein rächt sich an den Kindern.
Ich meine, es rächt sich an den Kindern, wenn einer schimpft oder denkt: „Lass sie doch machen, was sie wollen. Ich brauche meine Ruhe.".

Wie sollen da Kinder Vertrauen haben in diese Welt, wenn Eltern sich keine Zeit für sie nehmen?
Wie sollen sie glauben, dass Arbeit Spaß macht, wenn die Eltern immer betrunken sind?
Wie sollen sie sich geliebt fühlen, wenn die Erwachsenen sich zanken und belügen?

In der DDR wird mehr als jede dritte Ehe geschieden. Was sich da meistens dabei vor den Kindern abspielt ist schlimm. Jeder denkt an sich und hat Angst dem anderen zu sagen, wo seine Schwäche liegt.
Das ist für mich heute Sprachverwirrung und Kinder wie auch Erwachsene werden in solchen Zuständen schnell aggressiv. Und es kann so weit gehen, dass ein Bruder das Messer nimmt und die Schwester ersticht.
Aber sehen wir das nicht in Filmen? In Filmen, die Erwachsene produzieren und Kinder anschauen lassen?

Wie komme ich da heraus aus dem Teufelskreislauf, dass ich meine, ich kann nicht sagen, was ich denke, weil ich meine, dass ich sowieso nichts machen kann und mich ohnmächtig fühle?

Liebe Gemeinde,
Gott ist für mich überhaupt keiner, der Wert auf Macht legt. Die Liebe Gottes, der Friede Gottes und der Gute Geist Gottes brauchen keine Macht. Gott braucht überhaupt keine Macht wie menschliche Machthaber. Jedenfalls nicht Macht in dem Sinne, dass er andere dafür benutzt und sie klein und kaputt macht.

Jesus ist auferstanden. Damit hat Gott die Pläne der Machthaber durchkreuzt. Das hatten die Frauen weiter erzählt. Das ist aber so, wie wenn heute ein Betrunkener redet. Alle lachen über ihn und doch gibt es das Sprichwort: Betrunkene sagen die Wahrheit. Und es gibt das Sprichwort: Die Wahrheit hat noch niemandem geschadet, außer dem, der sie ausspricht. Das war schon damals so.

Die Jünger sagten die Wahrheit über Jesus, aber die anderen meinten: Die sind voll des süßen Weines. Doch trotz des Geredes der Leute hatten sie Mut, die Wahrheit zu sagen, das, was ihnen im Leben wichtig geworden ist.

Mit Pfingsten bekamen sie Mut, die gute Nachricht von Jesus Christus weiter zu sagen. Diesen Mut, den sie durch Gott erfuhren, nannten sie Heiligen Geist. Und durch das Wirken des Heiligen Geistes entstand die Kirche, trotz des Anspruchs der Mächtigen, alles zu bestimmen und alles zu können.

Die ersten Christen wurden verfolgt, weil sie dem Kaiser nicht huldigten. Denn die Kaiser ließen sich als Götter verehren. Sie wollten angebetet werden und ihre Worte sollten nachgebetet werden.

Heute am Pfingstsonntag rufen die FDJler in Berlin:

„Der Himmel ist blau,
die Sonne lacht,
das hat die SED gemacht."

Ich glaube nicht daran, dass ich allmächtig bin und alles kann. Ich weiß, ich habe viele Fehler. Kein Mensch ist fehlerfrei. Ich traue auch keiner Partei zu, dass sie den Himmel blau und eine lachende Sonne machen kann.
Aus meiner Schulzeit weiß ich noch, dass Feuerbach und nach ihm Karl Marx der Kirche vorwarfen: Religion ist Opium fürs Volkes.
In solchen Parolen, wie sie heute geschrien werden, kann ich nichts anderes als einen billigen Religionsersatz, der das Volk wie Opium narkotisieren soll, erkennen. Marx sagte sinngemäß, Religion gibt es, weil das Volk so dumm ist.
Aber machen nicht solche Parolen das Volk erst dumm?
Ich empfinde diese Behauptung genauso dumm wie die Parole vor zwanzig Jahren:

„Ohne Gott und Sonnenschein
bringen wir die Ernte ein!"

Heute lachen wir darüber. Was sich hier breit macht ist ein dummer Zeitgeist oder anders gesagt Geistlosigkeit, aber nicht der gute Geist Gottes. Ich traue es dem guten Geist Gottes zu, dass er uns nicht in Geistlosigkeit versinken lässt. Das ist mein Wunsch für uns zu Pfingsten.
Amen.

Lied: EKG 108,1-3
„O komm, du, Geist der Wahrheit,
und kehre bei uns ein,
verbreite Licht und Klarheit,
verbanne Trug und Schein."

Printed by Books on Demand GmbH, Norderstedt / Germany